Daria Bignardi
Libri che mi hanno rovinato la vita
e altri amori malinconici

Einaudi

Einaudi. Stile Libero Big

© 2022 Giulio Einaudi editore s.p.a., Torino

www.einaudi.it

ISBN 978-88-06-25258-8

Libri che mi hanno rovinato la vita

Se non vivessimo alla ventura, prendendo il toro per le corna e tremando sui precipizi, non saremmo mai depressi, senza dubbio; ma già saremmo appassiti, vecchi, rassegnati al destino.

VIRGINIA WOOLF

Gennaio

La prima volta avevo cinque anni. Lui era alto, sottile, rigido: parlava di un bambino piú piccolo di me che un pomeriggio trovava nel suo giardino un'enorme fragola rossa.

Credo che il bambino si chiamasse Celestino. Aveva di sicuro gli occhi azzurri.

Non era un tipo sveglio, ma lo stupore e la gioia nei suoi occhi rotondi e l'allegria del prato selvatico abitato da ranuncoli, margherite, coccinelle e farfalle mi facevano stare bene. Ero innamorata di quel libro.

Restò al sicuro in casa di mia madre, a Ferrara, fino a quando lei non morí e la casa fu svuotata. Lo portai a Milano e lo consegnai solennemente nelle mani di mia figlia, che aveva piú o meno l'età di Celestino.

Dopo qualche anno, in uno dei suoi risoluti cambi di pelle di lettrice, Emilia lo mise in uno scatolone che finí in cantina, che come tutte le cantine si allagò, e fu cosí che il mio primo amore andò al macero.

Era un libro illustrato qualunque, per bambini piccoli. Ma era una storia luminosa, di felicità semplice, buona, possibile.

Anch'io ho avuto un giardino, da piccola: quello dei nonni, ai piedi delle colline bolognesi dove trascorrevo l'estate.

Anche nella mia vita, all'inizio, c'è stato un prato con le farfalle, le margherite e i ranuncoli che mi arrivavano alle ginocchia.

Giocavo coi cugini a chi preparava le torte di terra piú belle e un giorno vinse Lorenzo detto Lulli, decorando la sua – invece che con fiori o sassolini come tutti noi – con piume e uova striate di merda di gallina.

Fu quella torta a insegnarmi che l'arte non doveva rassicurare ma turbare.

E in quel giardino capii che, se i miei compagni di giochi correvano piú forte, io me la potevo cavare con le chiacchiere.

Avrei preferito saper saltare come Marco, o andare in bicicletta senza mani come Claudia. Sospettavo che la mia parlantina, come la chiamavano i grandi, fosse una cosa da impostori, e mi sentivo in colpa, quasi fosse una truffa per nascondere la mia inferiorità fisica.

Parlavo meglio dei miei cugini perché leggevo tanto.

Marco, Claudia e Lulli non ne avevano bisogno: andavano a nuoto, a judo, giocavano in cortile con i compagni.

Io avevo la mamma ansiosa che temeva prendessi freddo, mi ammalassi o finissi sotto una macchina, quindi stavo in casa a leggere.

La famiglia dei miei genitori era di Castel San Pietro, un paese tra Emilia e Romagna, ai piedi dell'Appennino. Tutti tranne un nonno marchigiano, il nonno Oliviero, repubblicano, che volle l'edera sulla sua tomba. Mi chiamo Oliviera di terzo nome, come lui, e Atala di secondo, come la nonna bolognese e la bicicletta.

Se non si fossero trasferiti in un posto nebbioso e umido come Ferrara mia madre mi avrebbe mandata a nuoto e avrei letto di meno?

In seconda elementare scrissi una poesia d'ispirazione carducciana che iniziava cosí:

Io non t'amo, Ferrara, patria mia.
Amo un paese, terra dei miei avi,
lungi da qui
lontan da questa via
lontano da pensieri e fatti gravi.

A Ferrara abitavamo in un brutto condominio di periferia, mentre a Castel San Pietro i nonni stavano in una villa ottocentesca di mattoni rossi, con la torre e il parco secolare, dove andavamo in vacanza.

Chiunque trascorra un'estate in campagna, con quelle feste di profumi, colori e voli di rondini all'imbrunire, ne avrà nostalgia per sempre. Io non posso dimenticare nemmeno gli inverni nebbiosi e solitari di Ferrara, popolati come furono da piccole donne, pirati, bande di ragazzi, giovani vagabondi, piccoli principi, orfani, incompresi, fiammiferaie, soffitte umide e zii d'America.

Da bambina vivevo come uno scoiattolo: d'inverno uscivo solo per andare a scuola e d'estate scorrazzavo tutto il giorno nei boschi.

Ma quando verso i dodici anni iniziai a leggere i romanzi degli adulti la mia vita cambiò.

Fino a diciotto anni sono stata una lettrice compulsiva. Poi ho cominciato a frequentare il collettivo della scuola, a uscire ogni sera in bicicletta anche se pioveva, a vedere sempre gli stessi amici per un anno, un solo anno glorioso, perché a diciannove anni è arrivata la malattia di mio padre e tutto è cambiato di nuovo.

Se si è lettori bulimici, si legge tutto quello che si trova stampato, come *binge eaters* che negli attacchi di fame nervosa divorano tutto quel che trovano in casa, compresi i surgelati ancora congelati e la pasta cruda.

Io divoravo libri. Dai romanzi russi e francesi di mia madre a quelli italiani e americani di mia sorella – mio padre aveva meno libri e un po' indigesti persino per me, sul fascismo, le guerre, oppure, piú belli, sulle sementi – ai gialli, che compravo usati, a tutto ciò che raccattavo in edicola e in biblioteca.

Oltre ai romanzi, che rileggevo piú volte, ingurgitavo fumetti, etichette dell'acqua minerale, bugiardini, regole condominiali, cartelloni pubblicitari, il vocabolario Zingarelli, l'enciclopedia Motta, «il Resto del Carlino» di mio padre, la rivista «Stop» di mia nonna: qualunque cosa, purché avesse delle parole scritte sopra.

D'inverno il rito quotidiano iniziava dopo pranzo con la scelta del libro da leggere o da rileggere, si consumava sul divano di velluto giallo del salotto, era interrotto a metà pomeriggio da un tè coi biscotti Tresor, i Pavesini con la granella di zucchero e le strisce di cioccolato ora sconsideratamente ritirati dal mercato, e terminava alle otto di sera, quando mia madre chiamava per la cena.

Allora chiudevo il libro e lo baciavo sulla copertina: tre volte se mi era piaciuto moltissimo, due se mi era piaciuto molto, una se mi era piaciuto abbastanza.

Che non meritassero nemmeno un bacio non succedeva mai, o forse li abbandonavo prima, non me lo ricordo.

Dopo i baci mi alzavo dal divano stordita da tutte quelle ore di lettura, la mente piena dei personaggi che avevo incontrato.

Cenavo coi miei in silenzio, sentendoli parlare in sottofondo, ancora beatamente assorta nelle storie appena lette.

Ho vissuto cosí per molti anni. Mi piaceva un sacco quella vita piena di storie e vite d'altri. Non immaginavo che si potesse vivere in un altro modo.

Un giorno mi innamorai di nuovo, ma il nuovo amore era diverso da Celestino, era un amore sofferto.

Febbraio

Ho inventato un ricordo.

Ero convinta che il mio primo amore tormentato fosse stato per un cupo romanzo di Djuna Barnes intitolato *La foresta della notte*.

Ero sicura fino a ieri mattina di averlo letto a tredici anni e che in copertina ci fosse l'immagine di una donna che fumava.

Ricordo mentre lo leggevo il fremito di desiderio di diventare, da adulta, identica alla protagonista. Un'intellettuale sofisticata, colta, dissipata e nevrotica – cosí la vedevo. La sua trasgressiva vita notturna e i salotti letterari della Parigi degli anni Venti sembravano, dalla mia cameretta di Ferrara, il paradiso.

Ricordo anche il momento – che collocavo attorno ai miei trent'anni – in cui ho sentito di essere diventata davvero simile alla donna di quel romanzo: se non raffinata, almeno nevrotica. Ma vista da dentro quella complicatezza era molto meno affascinante di come me l'ero figurata, anzi era faticosa e miserevole. Quando lo capii maledissi la mia pessima determinazione nel cercare di mettere in pratica i sogni.

«Ora so qual è il guaio di quell'uomo, – disse il dottore. – Aveva un sogno e si è avverato. Ciò che dà bellezza a un ideale è la sua irraggiungibilità. Gli dèi ridono quando gli uomini ottengono quel che vogliono», scrive il mio William Somerset Maugham, tra i piú duraturi amori, in *Acque morte*.

A tredici anni ho iniziato a fumare. Al cinema, l'unico posto dove potevo andare senza che a mia madre venissero gli attacchi di ansia, accendevo una Gauloises col mozzicone dell'altra. Ho sempre attribuito questo vizio precoce al romanzo di Djuna Barnes, che ero convinta avesse in copertina l'immagine di una donna che fumava.

Ieri ho trovato la mia vecchia copia di *La foresta della notte*, e ho scoperto che è del 1987. In copertina non c'è una donna che fuma, ma il dettaglio di un dipinto di Ary Renan (il pittore disabile figlio di Ernest Renan) del 1883, che raffigura una Saffo a seno nudo.

La mia edizione è uscita quando avevo ventisei anni. Che ne avessi letta un'altra? Ma io mi ricordo proprio questa, con lo strillo di T. S. Eliot che dice solo: «L'orrore e il fato...»

Esiste un'edizione Adelphi di quattro anni prima che ha un ritratto di Djuna Barnes in copertina, ma non sta fumando. E ci sono dei racconti giovanili, sempre pubblicati da Adelphi, intitolati *Fumo*, ma li ho letti pochi anni fa. Che la mia memoria abbia mescolato i tre libri?

Credo che quella del fumo sia stata la prima scelta che ho fatto per fuggire dal prato di Celestino, diventato ai miei occhi insulso e infantile, e per avvicinarmi al mondo conturbante dei personaggi notturni che mi chiamavano dalle pagine di *La foresta della notte*.

Quando a trent'anni smisi di fumare – senza troppa fatica, perché del fumo mi piacevano piú i gesti che la nicotina – ripensai a quella copertina. Una copertina finita come quella di Celestino nel macero, ma della memoria.

Avrei giurato in tribunale che sulla mia copia del libro di Djuna Barnes fosse ritratta una donna elegante, con le guance scavate dai vizi, che fumava, e di averlo letto a tredici anni, ma la donna del mio ricordo era Djuna Barnes in persona!

Il web oggi è pieno di ritratti in cui appare torbida e affascinante. Dove l'avevo vista allora? Che l'avessi sognata? O prefigurata?

La donna che credevo di aver visto, invidiato e desiderato imitare era in realtà l'autrice del romanzo che mi aveva tanto impressionato, e io l'avevo immaginata prima di vederla.

La foresta della notte – titolo meraviglioso – uscí a Londra nel 1936.

Era ambientato «nella foresta nera delle notti parigine, berlinesi e americane» e abitato da personaggi per me inediti e irresistibili: omosessuali, aspiranti artisti, psicotici, idealisti, aristocratici decaduti. Parlava di qualcosa di sconosciuto che mi attirava morbosamente.

Che incanto era quello? Ormoni? Chimica? Adolescenza?

Ieri, quando ho scoperto che la mia copia di *La foresta della notte* ha solo trentaquattro anni, ero desolata.

Oggi un'altra ricerca piú approfondita ha rivelato che fu tradotto in Italia per la prima volta quando avevo cinque anni, e soprattutto che il traduttore, Filippo Donini, ha centodieci anni ed è ancora vivo!

Non solo Filippo Donini è vivo (se non si tratta di un errore che non voglio scoprire), ma oltre a Djuna Barnes ha tradotto *Quattro quartetti* di Eliot, le *Confessioni di un oppiomane* di De Quincey, le poesie di Cristina Rossetti e *Il Signore delle mosche* di Golding, ed è stato direttore dell'Istituto Italiano di Cultura a New York: ho trovato una sua foto meravigliosa in cui nel 1959 premia con il David di Donatello Marilyn Monroe, che ha di fianco Anna Magnani.

Sono tutti in abito da sera. Filippo Donini è accanto a Marilyn Monroe, in pizzo nero, che sorride mentre si sistema un orecchino. Anna Magnani, vicino a lei, con lo sguardo serio e un solo guanto calzato, stringe tra le braccia un fascio di rose bianche.

Chi ha detto che la letteratura non è una cosa viva? Lo dico io, quando mi prendono certi momenti lagnosi e vado cianciando che avrei voluto fare il medico o almeno saper saltare la corda come Claudia.

Ma se un oscuro romanzo del 1936 ha il potere di viaggiare da Parigi a New York, passare attraverso i muri di una cameretta di Ferrara e sconvolgermi – che io l'abbia letto a tredici anni o a ventisei – forse le parole non sono cosí imbroglione come temevo da bambina, quando le usavo per cavarmela nei giochi.

Su Sologub invece non mi sbaglio: fu col suo *Demone meschino* che a tredici anni scoprii il male, le allucinazioni, lo squallore, l'assenzio e la menzogna, e mi piacquero un sacco.

Quella prima copia, già vecchia e squinternata, di un tascabile Garzanti rubato dalla libreria di mia sorella, ce l'ho ancora, anche se negli anni ne ho comprate tante altre edizioni.

Da allora sono passati quasi cinquant'anni e ho letto qualche migliaio di libri, non piú compulsivamente ma sempre con passione, e ora che sono uscita dalla fascinazione per ciò che è buio, autodistruttivo, sfigato e infelice, sbocciata con Sologub e fiorita col punk degli anni Ottanta, i miei vent'anni, ora che capisco cosa intendeva mia madre quando diceva di voler guardare solo film con «begli ambienti» e di non voler sentire parlare di malattie, come quel mio fidanzato che preferiva i ristoranti vetrati e luminosi alle mie candele, la bellezza alla bruttezza, le risate al pianto; ora che sono passata attraverso lutti, malattie, divorzi, e sono diventata come loro, una persona che ha avuto paura o una persona sana, chissà, una che sceglie ristoranti luminosi e mobili danesi, che vuole capire come funzionano le cose e ripararle invece di distruggerle, che ha smesso di glorificare il liceo classico e ammira chi ha una formazione scientifica, ora, ogni tanto, mi chiedo: «Ma io cosa so fare davvero? Qual è la cosa che mi riesce meglio, la disciplina in cui potrei gareggiare?»

Vorrei saper correre fortissimo come mio cugino Marco (ancora!), avere il talento di cucinare piatti elaborati, lavorare a maglia, fare la ruota sulla spiaggia affollata, tuffarmi di testa, suonare la chitarra, fare calcoli a mente, resuscitare le piante, parlare altre due lingue: ognuno di noi ha qualcosa che sembra nato per fare.

Io so far parlare le persone (parole, parole, parole), scrivo, ma c'è una sola cosa in cui – se esistesse la disciplina olimpica – potrei puntare a primeggiare, ed è leggere velocemente.

Non è un talento encomiabile, ma ce l'ho. Posso leggere un romanzo di trecento pagine in due ore. Posso leggere, ho letto, un libro di trecento pagine al giorno per ogni giorno dell'anno.

Cosí come ora ci sfiniamo di serie televisive io mi sfinivo di libri. Nessuno veniva a sloggiarmi dal divano dove trascorrevo i pomeriggi: mia madre non ci trovava niente di male, anzi. Come sanno a memoria i miei lettori, mia madre Giannarosa soffriva cosí tanto di ansia che per lei ogni mio pomeriggio sul divano era un pomeriggio in cui mi veniva risparmiata una brutta fine: uscire di casa comportava il rischio – anzi, l'alta probabilità – che avessi un incidente o buscassi il micidiale mal di gola che sarebbe degenerato nel febbrone che mi avrebbe uccisa.

Ho scritto spesso di lei, anche in uno spettacolo teatrale intitolato *La coscienza dell'ansia*: «Tutto quello che ho fatto lo devo a mia madre e alla sua ansia, che mi hanno rovinato e salvato la vita. [...] Plotino, Platone, Hillman sostengono che l'anima, in associazione col *daimon*, scelga i genitori, il luogo, le circostanze e il corpo dove

nascere. La nostra anima si sceglie i genitori che le scon-
volgeranno la vita nel modo in cui era necessario venisse
sconvolta perché diventassimo noi stessi e trovassimo la
nostra vocazione.

La mia anima scelse mia madre».

Se per qualche assurdo *hunger game* dovessi fare gare di lettura veloce, me la caverei ancora bene. Come per ogni disciplina, bisogna esserci portati, ma è soprattutto una faccenda di allenamento, pratica ed esperienza, e io sono allenata.

Ogni tanto vedo una mia coetanea dritta e tonica e penso: «Deve aver fatto atletica, o ginnastica artistica, da ragazza: si rimane cosí per sempre».

Io, da ragazza, ero una lettrice agonistica.

Nella prefazione alla mia copia de *La foresta della notte* di Djuna Barnes, T. S. Eliot scriveva che:

> Le miserie di cui gli uomini soffrono a causa delle particolari anomalie del loro carattere sono visibili in superficie: il disegno piú profondo è quello dell'infelicità e del servaggio dell'uomo, che sono universali. Nella vita normale questa infelicità è per lo piú nascosta; spesso, per colmo di sventura, essa è piú nascosta a chi ne soffre che non a chi ne è testimone. Il malato non conosce la sua malattia; un poco vuole scoprirla e in gran parte vuole nascondere a sé stesso quella scoperta.

La mia malattia – della quale allora non ero consapevole – era che mi piaceva soffrire.

Mi piacevano i posti squallidi, le periferie, le persone nevrotiche, dipendenti, tossiche. Ero affascinata dalle disgrazie e dai disgraziati. Le situazioni pericolose, tristi, luttuose mi facevano vibrare come se solo nel dramma la vita si mostrasse davvero: nuda, integra, commovente.

Era una cosa tanto chiara da accecarmi, per questo l'ho vista tardi.

Accanto a quel lungo amore per il buio, rivelato – o provocato? – da *Il demone meschino* di Sologub e coltivato e goduto con centinaia di altre letture, opere d'arte e film intrisi di dolore, malattia, rimorso, colpa, sofferenza, squallore, disperazione, suicidio e morte, ne è sempre esistito un altro, meno appariscente ma tenace e inestir-

pabile, per quel prato selvatico abitato da margherite, ranuncoli e farfalle dove Celestino trovava la fragola, solo
che a un certo punto me l'ero dimenticato.

L'amore per la natura e l'avventura, che fossero le storie di pirati di Robert Louis Stevenson o i sentimenti avventurosi di Jane Austen o i canti delle rondini migranti,
ha sempre resistito, radicato e riposto, nelle letture, come nella realtà.

Capace di salvarmi la vita cosí come me la salvavano e
rovinavano insieme i libri maledetti che leggevo.

Nascosto da qualche parte c'è sempre stato un giardino,
luminoso e selvatico, come quello di Celestino.

Marzo

Ho spesso incontrato poesie che predicevano cose che mi sarebbero successe.

Davvero cari, da una poesia di Giorgio Bassani, era il titolo di lavoro del romanzo che poi diventò *L'amore che ti meriti*, una storia ambientata a Ferrara, la mia città.

Era un titolo molto piú bello, e soprattutto era il *suo* titolo, ma mi venne il dubbio che fosse troppo oscuro, e lo cambiai con uno piú banale.

In tutto ciò che scrivo – nonostante sia consapevole di quanto faccia *liceale* – spuntano citazioni o versi di poesie che ho incontrato e non ho dimenticato.

Alcune sono famose, altre meno, alcune forse non sono neanche tanto belle (Natalia Ginzburg considerava Bassani scarso come poeta), ma ciascuna mi ha rivelato e anticipato, molti anni prima, cose importanti che sarebbero accadute.

L'arte fa cosí: svela le nostre paure e i nostri desideri prima che – a volte disgraziatamente, come scrivevano Maugham e, prima di lui, Rilke – si avverino, come capitò a me con la copertina immaginaria di Djuna Barnes.

Davvero cari di Giorgio Bassani per me parla di quegli autori, quei romanzi e quelle poesie che nella mia lunga attrazione per il buio – *attraverso quali | strade cosí di lontano* – ho riconosciuto e amato come si riconoscono e amano dei fratelli.

E di come da un posto buio si possa – anche *dopo talmente tanto tempo* – ritornare:

> Davvero cari non saprei dirvelo
> attraverso quali
> strade cosí di lontano
> io sia riuscito dopo talmente
> tanto tempo a tornare.
> Vi dirò soltanto che mi lasciai
> pilotare nel buio
> da qualcheduno che m'aveva
> preso in silenzio per la
> mano.

Quel qualcuno, sul quale tanto mi interrogai, era Dio? L'amore? La vita?

Oggi penso di essere *io*.

«La luce è venuta nel mondo, ma gli uomini hanno preferito le tenebre», diceva Giovanni l'evangelista.

Ora che non ho piú il culto della malinconia e che mi sento libera di preferirla, la luce mi sembra persino piú intelligente, mentre una volta credevo fosse superficiale e sfottevo il mio fidanzato pisano, quello che preferiva i ristoranti vetrati, dicendogli: «Beato te che non capisci una sega».

Avevo pensato di scrivere attorno ai libri che mi hanno rovinato la vita senza fare verifiche, lasciando che fosse la memoria, da sola, a far emergere i ricordi, come bolle d'aria sulla superficie di un lago, ma poi non ho resistito, sono andata a controllare certe date e ho scoperto che la memoria scrive una storia sua.

È la nostra vera storia o è un inganno?

Quello che veramente ami rimane,
il resto è scorie.
Quello che veramente ami non ti sarà strappato.
Quello che veramente ami è la tua vera eredità.

Sono versi della poesia di Ezra Pound che avevo copiato sul diario l'ultimo anno di liceo, e che mi consolavano come la fragola di Celestino.

Avevo abbandonato il giardino assolato, ma speravo – o intuivo – che quello che veramente amavo alla fine mi avrebbe salvata.

I romanzi russi li ho letti piú o meno tutti tra i dodici e i sedici anni, come i classici francesi. Ma non fu Dostoevskij a segnarmi per sempre, e neanche Gogol' o Puškin o Lermontov.

Ognuno ha il suo demone russo: il mio fu quello di Sologub.

A fregarmi fu quel libro maledetto, *Il demone meschino*: «forse il piú celebre romanzo russo della sua epoca, pagano e morboso, visionario e realistico», come lo definisce Renato Poggioli in *Il fiore del verso russo*.

Il titolo viene da Puškin.

Mefistofele dice a Faust: «Io, demone meschino, mi dimenai», e si comincia a tremare.

Non c'è niente di eroico o consolatorio nel *Demone* di Sologub. C'è solo meschinità, invidia, follia e squallore: un mondo malefico dove Peredònov, professore di provincia con manie di persecuzione, finisce per commettere un delitto insensato.

Ho letto da poco una nota di Sologub in cui diceva: «No, miei cari contemporanei, è per parlar di voi che ho scritto il mio romanzo sul *Demone meschino* [...] di voi!»

Io lo avevo capito a tredici anni. Diedi fuoco a del profumo dentro una scatolina di metallo – che ho qui davanti a me mentre scrivo, restituita da un'onda alla spiaggia dei miei traslochi – per evocare l'incenso odiato da Peredònov, il laido professore che trafficava con la polvere, il veleno, le erbe malefiche, il fumo e le maschere, ma non bastò a proteggermi.

Ero turbata. Peredònov era uno sfigato, un malvagio repellente e pazzo, eppure mi diceva qualcosa della natura umana che fino ad allora non avevo nemmeno sospettato, ma che intuivo possibile, anzi vero.

> L'Inafferrabile correva sotto le sedie e per gli angoli e squittiva. Era sudicio, puzzolente, odioso e terribile. Era chiaro ormai che era ostile a Peredònov.

Altro che fiorellini e farfalle, altro che simpatici vagabondi e orfani coraggiosi. C'era il demonio, dentro ognuno di noi, e soprattutto dentro di me: c'era L'Inafferrabile, «la Nedotỳkomka grigia», come la chiama Sologub.

Questa consapevolezza mi terrorizzò ma piú ancora mi affascinò.

In Peredònov non c'era pentimento né redenzione. Smisi di andare in chiesa, di comunicarmi e di pregare.

Il Diavolo era piú interessante di Dio e persino piú del mio amico Gesú.

Pur avendo chiara – e di prima mano – la distinzione che bisogna fare tra l'opera e l'autore, so dalle sue poesie quanto Sologub amasse soffrire.

Eccolo che si identifica in una cagna solitaria che parla alla luna nel gelo della notte:

Sta la luna come un disco
su nell'aria.
Io stanotte illanguidisco
solitaria.
Non abbaia piú nessuna
mia compagna.
Gela al lume della luna
la campagna.

Soffriva la solitudine, ma la preferiva alla compagnia:

Non amo incontrar qualcuno
sulla mia via.
Solo col vento è gradevole
avviare un discorso.
Il tragitto da percorrere
senza gente è piú gradito.
Ogni sguardo che incontro
è un coltello nel cuore.

Ma la sua poesia che mi fa piú paura è *L'altalena del diavolo*:

Nella boscaglia spessa,
sopra un torrente in piena,

il diavolo non cessa
di scuoter l'altalena.
[...]
Io soffro dondolando
– in su, in giú –
– in su, in giú –
m'afferro spasimando,
e tento a quando a quando
di non guardarlo piú.
La cupola serena
mi guarda e dice a me:
tu sei sull'altalena
e il diavolo è con te.

Un'immagine degna di un film dell'orrore, o di una dia-
gnosi di disturbo bipolare.

Fëdor Kuzmič Tetèrnikov, che prese lo pseudonimo di Sologub, era nato il 17 febbraio, tre giorni dopo di me e due prima di Gabriele Münter – la pittrice tedesca compagna di Kandinskij del mio romanzo *Oggi faccio azzurro* – ma quattordici anni prima di lei, a San Pietroburgo, nel 1863.

Suo padre, figlio illegittimo di una serva della gleba e di un proprietario terriero, sparí quando lui aveva quattro anni. La madre faceva la domestica ed era molto autoritaria. Lo picchiava, gli vietava di portare le scarpe, chiese addirittura al direttore della scuola dove Sologub era maestro elementare che potesse far lezione a piedi scalzi. Questo dettaglio non sono riuscita ad approfondirlo – non so se si trattasse di una faccenda religiosa, qualcosa che aveva a che fare col sentire sotto i piedi la Madre Terra, o di una punizione, ma fa comunque pensare.

Come puoi stare se tua mamma, quando hai venticinque anni, va a chiedere al tuo capo il permesso di farti andare al lavoro senza scarpe?

La disgraziata morí quando Fëdor aveva appena pubblicato *Il demone meschino*. Era il 1907.

Lo spirito dell'opera e Peredònov rispecchiavano cosí tanto i tempi – evidentemente orribili – che *Il demone meschino* ebbe un grande successo e la critica russa dell'epoca inventò il termine di «peredonovismo».

Nel 1908 Sologub sposò la scrittrice e traduttrice Anastasija Čebotarevskaja, che aveva conosciuto mentre curava un'antologia critica dedicata a lui. In un certo senso Anastasija era una sua fan, come la seconda moglie di Dostoevskij, anche se era piú colta di Anna Grigor'evna Snitkina, che incontrò il quarantacinquenne Fëdor Dostoevskij a vent'anni, facendogli da stenografa.

Tredici anni dopo il matrimonio con Sologub, Anastasija si suicidò gettandosi in un affluente della Neva.

Il corpo fu ripescato solo in primavera, col disgelo.

Sologub, che oltre alla madre aveva perso anche l'amata sorella Olga, si chiuse in un silenzio assoluto. Sei anni dopo, nel 1927, l'Agenzia Tass diffuse la notizia della sua morte in quella che allora era Leningrado.

Aveva sessantaquattro anni e una delle poche cose che sappiamo della sua vita in quegli anni di isolamento è che, fino a quando il corpo della moglie non venne ripescato, la sera continuò ad apparecchiare la tavola anche per lei.

Anche Djuna Barnes, come Fëdor Sologub, a un certo punto della vita si ritirò dal mondo.

Lei che negli anni Venti e Trenta aveva animato i salotti letterari d'avanguardia, adorata da artisti e mecenati sia a New York, la sua città, che a Berlino e a Parigi, lei che fu una protagonista di quella generazione perduta di cui facevano parte Hemingway – che mise in esergo a *Fiesta* la dichiarazione: «Siete tutti una generazione perduta» di Gertrude Stein – e Fitzgerald, Eliot, Pound, Henry Miller, a un certo punto si isolò.

Era stata la piú brillante, la piú mondana, la piú eclettica delle intellettuali.

L'intervista-ritratto che fece a Parigi per «Vanity Fair» al suo amico James Joyce, qualche mese dopo la pubblicazione dell'*Ulisse*, è straordinaria.

Si incontrarono al caffè *Le Deux Magots*. Lui portava un panciotto viola con teste di cane e di cervo, fatto da sua nonna, lei una cascata di perle. Joyce le disse: «Peccato per il pubblico se si attende di trovare una morale nel mio libro... non c'è una sola riga seria lí dentro», e le regalò la copia originale, con le sue note.

Una quindicina di anni dopo (e due dopo la pubblicazione della *Foresta della notte*) Djuna Barnes torna per sempre a New York, si stabilisce al Greenwich Village e vive chiusa in una bolla di mistero e solitudine per quarant'anni.

Quaranta lunghi anni in cui scrive poesie, pubblica qualche raro racconto sulle riviste letterarie, incontra pochi amici e lavora a un'opera stranissima, sperimentale – un misto di tragedia greca e dramma elisabettiano – che intitolerà *The Antiphon*.

La foresta della notte oggi è considerato da molti un capolavoro minore della letteratura americana del Novecento, da altri un capolavoro assoluto della letteratura *queer*, e da qualcuno, come Alberto Arbasino, una mezza schifezza.

Dylan Thomas lo definí «uno dei tre grandi libri di prosa scritti da una donna», T. S. Eliot scrisse di «una qualità di orrore e di fato strettamente imparentata con quella della tragedia elisabettiana». Piacque a Truman Capote, a Elémire Zolla che lo portò in Italia, a Cristina Campo, che chiamava Djuna Barnes «genio famelico» e la tradusse, persino a David Foster Wallace.

Mentre il nostro Eugenio Montale la considerava «una spugna di acido prussico».

Infine Alberto Arbasino, che in *America amore* la distrugge.

La definisce «una manicure del surrealismo» e la sua prosa «un manufatto artefatto». Scrive che Djuna Barnes «crede di lavorare con lapislazzuli e malachiti, mentre ha in mano soltanto fondant con la mentina e un mezzo bicchiere di Cointreau».

Quando l'ho letto mi sono sentita vendicata.

Cosa accadde nella vita di Djuna Barnes? Perché, dopo una giovinezza sfrenata e cosmopolita, si chiuse in casa a quarantasette anni, come una Greta Garbo della letteratura?

Tra le sue foto di quando faceva vita di società, elegantissima, truccatissima, con in testa piccoli cappelli a cloche e avvolta in giacche maschili sopra sontuose camicie bianche e una cascata di giri di perle al collo, ce n'è una che mi ha colpito.

È del 1922, l'anno dell'intervista a Joyce. Lei ha trent'anni, ed è ritratta sul ponte del transatlantico *SS La Lorraine* in una delle sue frequenti traversate dall'Europa a New York. Sul tailleur indossa un mantello scuro con un collo di pelliccia, in una mano tiene una borsa da sera e nell'altra un lungo bastone bianco da passeggio. È l'immagine degli anni Venti, degli artisti dediti all'alcol, ai viaggi, ai tradimenti e all'avventura. Sembra un personaggio di *Tenera è la notte* di Fitzgerald, o di *Midnight in Paris* di Woody Allen, dove infatti compare, a una festa, mentre balla il charleston scatenata insieme a Owen Wilson.

Quando le scattarono quella fotografia sul ponte del transatlantico (tra l'altro era l'ultimo viaggio della *La Lorraine* prima che venisse rottamata: se si ha a che fare con Djuna Barnes non c'è fine al pathos) aveva da poco incontrato Thelma Wood.

Dopo tante relazioni «effimere e sublimi» – a diciotto anni aveva sposato il fratello cinquantenne dell'amante di suo padre, a ventuno si era messa con una baronessa che faceva performance dadaiste, poi altro matrimonio lampo con l'intellettuale pacifista e socialista Courtney Lemon, la storia con la fondatrice di «The Little Review» Jane Heap, quella col pittore Maurice Sterne, poi non so con chi altro, ma mai con un commercialista o un'impiegata comunale – a ventinove anni, per la prima volta, Djuna si innamora davvero.

Di Thelma Wood, giovane aspirante pittrice e scultrice nata in Kansas e cresciuta a St Louis, in Missouri, seconda di quattro figli, che aveva perso madre e fratello minore a diciotto anni durante la pandemia di influenza spagnola.

Thelma è un'artista mediocre e una persona originale: ama gli animali e le piante esotiche e li dipinge con la tecnica della punta d'argento, cucina benissimo, beve un sacco di rum e Coca-Cola, si veste da ragazzo ed è bellissima.

Thelma e Djuna, che ha nove anni piú di lei, si conoscono in Europa tramite la fotografa Berenice Abbott, l'assistente di Man Ray, e si innamorano.

Per otto anni vivranno insieme in un appartamento arredato con paramenti sacri e pieno di libri di teologia, viaggiando, bevendo, litigando e tradendosi.

«Non sono lesbica, ho solo amato Thelma», dirà Djuna Barnes molti anni dopo.

Thelma *Wood*, come il suo *Nightwood*, *La foresta della notte*.

La Robin Vote del romanzo, la Bella Schizofrenica perversa e sensuale desiderata da tutti, è lei.

Scoprí che il suo amore per Robin non era in verità una scelta; era come se il peso della sua propria vita avesse accumulato un'unica precipitazione.

Djuna Barnes fu ossessivamente gelosa di tutti i suoi amanti, ma è Thelma che le fa provare quell'«amore che porta all'orrore», una frase che Arbasino definisce da Baci Perugina.

Sono l'una il grande amore dell'altra, ma Thelma non fa che tradire Djuna, con uomini e donne. Ha una sensualità magnetica, è irresistibile, altissima, magrissima, inquieta e rapace.

Quando si mette con la ricca divorziata Henriette Alice McCrea-Metcalf, traduttrice e attivista votata a salvare animali e persone, Djuna la lascia.

Thelma vorrebbe continuare a stare con lei e anche con Henriette, che la spedisce a studiare a Firenze e le finanzia un'attività di alta cucina, ma Djuna non vuole dividerla con nessuno.

E comincia a scrivere *Nightwood*.

Originale, brillante e vendicativo: la bambola perversa Robin Vote è Thelma e la ridicola Jenny Petherbridge è Henriette.

Jenny è di quelle persone che piluccano come uccellini ed evacuano come buoi... poveri dannati a una pena da nulla! Anche quella può essere una tortura.

Oggi quello tra Thelma e Djuna sarebbe definito un amore tossico.

L'amore è morte, aggredita con passione; io lo so, per questo l'amore è saggezza. Io amo Robin come se ci fossi condannata.

Thelma dirà che *Nightwood* le ha rovinato la vita. Ma nemmeno la sua nuova fidanzata sarà indulgente con lei: per liberarsi di Thelma, inaffidabile e instancabile nei suoi tradimenti, Henriette McCrea, dopo sedici anni di relazione, arriverà a offrirle un sacco di soldi, poi non vorrà piú rivolgerle la parola, neanche quando, in punto di morte per un cancro al seno, a sessantanove anni, Thelma la manderà a chiamare per salutarla.

Neppure Thelma, dopo aver letto *La foresta della notte*, volle piú rivolgere la parola a Djuna.

Una storia, la loro, di persone che si lasciano male, come quasi tutti quelli che si amano troppo.

«Sono la donna | sono io. | Soffro pace malgrado ogni mia pena, | e sopporto dolore attraverso ogni mia pace», scrive Djuna Barnes.

Tre anni fa Sarah Schulman, scrittrice e attivista lesbica americana, che ha dedicato a Thelma un romanzo giallo la cui protagonista è una poliziotta tossica e autodistruttiva, disse in un'intervista che la Wood è stata «storicamente, la peggior fidanzata mai esistita. Era la fidanzata cattiva di Djuna Barnes e l'ha tirata cosí scema che è diventata la sua musa».

Dopo aver letto *Il demone meschino* di Sologub, a tredici anni, presi della polvere dal Piccolo Chimico, uno dei miei giochi preferiti di bambina, la misi dentro un foglietto di carta velina piegato in quattro e me lo infilai nel portafoglio, per giocare alla droga.

Mio padre la trovò qualche anno dopo e la fece analizzare.

Distratto com'era, assente com'era, anziano com'era – sono nata che aveva quasi cinquant'anni – a suo modo cercava di tenermi d'occhio.

Mia madre era cosí ansiosa che il solo pensiero che potessi cacciarmi nei guai la devastava, perciò lo rimuoveva. Mi proibiva tutto, che è come non proibire niente.

Per lei – e quindi anche per me – non c'era scelta: dovevo essere irreprensibile e prudente, se no lei – come minimo – ne sarebbe morta.

Diventai l'opposto.

Era il 1980: in Emilia Romagna e un po' ovunque in Italia era arrivata l'eroina e aveva rubato la scena alla politica e all'impegno, che non andavano piú di moda.

Lo Stato era impreparato o assente, i media si limitavano a pubblicare articoli allarmistici su cadaveri di giovani ritrovati nei parchi e foto di tronchi di platani crivellati di siringhe; le famiglie erano sole e annichilite da un problema piú capillare del terrorismo e altrettanto feroce: quegli anni spaventosi sono raccontati molto bene nella serie *SanPa* di Gianluca Neri.

Il sabato sera mia madre, quando uscivo, mi raccomandava di non mangiare la pizza, che riteneva pesante da digerire.

I miei amici si facevano di eroina e mia madre mi diceva di non mangiare la pizza: non so se la cosa mi facesse tristezza o mi divertisse.

Allora forse mi divertiva, ora so che fa tristezza.

I miei anziani genitori, che si erano sposati durante la guerra e mi avevano concepita per sbaglio undici anni dopo la prima figlia, non sapevano e forse nemmeno si chiedevano cosa mi passasse per la testa e cosa ci fosse là fuori, nel mondo, come la maggior parte delle famiglie a quei tempi.

Ma la cosa peggiore fu che mio padre, subito dopo il mio esame di maturità, si ammalò di cancro.

La disgrazia, dopo essere stata evocata sotto forma di incidenti stradali e malanni incombenti per tutta la mia infanzia, stavolta era arrivata davvero, e noi non sapevamo affrontarla.

Eravamo una famiglia ingenua, disorganizzata, sentimentale. Fino a quel momento l'affetto e il senso dell'umorismo erano riusciti a contenere le stranezze di mia madre e i problemi che deve affrontare ogni famiglia, ma la malattia di mio padre ci disintegrò.

Mia madre era troppo ansiosa, non le dicemmo di preciso cosa aveva il babbo, e nemmeno a lui, perché era troppo affezionato alla vita.

Lo sapevamo solo io e mia sorella, che era alle prese coi problemi del primo lavoro e della sua giovane famiglia.

Ognuno di noi cercò un modo per gestire quella cosa enorme. Il mio fu gettarmi con entusiasmo nell'avventura punk e nichilista di quegli anni.

Avevo una doppia vita.

Mi ero iscritta al Dams di Bologna, fingevo di studiare e di essere la ragazza avveduta di sempre, invece trascorrevo le giornate nei traffici affaccendati dei miei amici tossici, frequentando il mondo dei ladri, i ricettatori e le prostitute di Ferrara.

Ladri, ricettatori, prostitute e tossici definivano la loro attività «il mio lavoro».

Un pomeriggio, in un bar di ladri in periferia, un ceffo coi baffi chiese di me al mio ragazzo e Andrea rispose con naturalezza «che la sua donna non lavorava».

Era una comunicazione di servizio: nessuno in quell'ambiente si sarebbe stupito se avessi lavorato, ovvero se mi fossi prostituita, casomai era curioso il contrario. Il ceffo, deluso, se ne andò spegnendo la sigaretta nella tazzina.

In quegli anni scoprii riti e abitudini di un universo

parallelo, come se stessi vivendo dentro un film. Non saranno state le notti parigine di Djuna Barnes, ma era la situazione piú trasgressiva che avessi scovato nei paraggi.

Imparai che i tossici e le prostitute spendono un sacco di soldi in taxi, che non conviene lasciare borsetta o macchina fotografica appese alla sedia del bar o del ristorante perché ovunque c'è qualcuno che, mentre tu ti svaghi, sta lavorando; che l'oro si vende al volo mentre l'argento no, che i bagni dei treni e dei locali pubblici per un certo mondo sono una casa.

E che i tossici non si annoiano mai, perché hanno sempre qualcosa di urgente da fare: trovare soldi e trovare la roba è un'attività molto impegnativa. O almeno lo era. Ormai sono passati quarant'anni ed è probabile che anche quell'ambiente, con l'avvento di internet e delle consegne a domicilio, si sia aggiornato.

Un certo commissario un giorno chiamò mia sorella in questura per chiederle se era al corrente che la sorella minore se la facesse con certa brutta gente. Lei non lo sapeva. Aveva una figlia piccola, la madre con l'ansia ossessiva, il padre col cancro, aveva appena iniziato a insegnare. Non mi disse niente. Non so nemmeno come so che avvenne quell'incontro. Forse me lo raccontò il commissario quando arrestarono il mio ragazzo e convocarono in questura anche me, forse me lo disse lei anni dopo. Glielo chiederò.

Non ho ricordi precisi di quel periodo, se non di febbrile animazione.

Fuggivo dalla realtà. La realtà era mio padre in ospedale. Come Alice mi infilai nella tana del coniglio, ma il Cappellaio Matto e la Regina di Cuori erano uno spacciatore e una trans tossica che batteva.

Se a tredici anni non avessi letto *Il demone meschino* – coi suoi assenzi, le polveri, i veleni – ma avessi fatto un corso di nuoto, sarei fuggita a sfinirmi di vasche in piscina? Non lo saprò mai.

Mia madre scambiò il ciuffo di capelli blu e il rossetto scuro per una moda, mentre erano una dichiarazione di appartenenza.

I miei ex compagni di liceo della Federazione Giovanile Comunista smisero di salutarmi: ai loro occhi ero soltanto una cretina che tradiva Marx, neanche per Nietzsche ma per i Sex Pistols.

Lo ero davvero, una cretina, perché si diventa cretini quando si sta male.

Ebbi tre fidanzati tossici in quegli anni, tutti piú giovani di me.

Andrea, lo spacciatore, aveva diciassette anni, ed è stato uno dei fidanzati piú attenti e rispettosi che abbia avuto, cosa che non c'entrava con la droga ma col suo carattere gentile. Non ho piú avuto sue notizie e temo che sia morto, come gli altri due che purtroppo lo sono.

In quei tre anni lessi molto meno. Forse è per questo che poi riuscii a dare un altro indirizzo alla mia vita: quegli ambienti erano agli antipodi di tutto ciò che aveva a che fare con l'arte e la conoscenza.

I tossici hanno la roba e non gli serve nient'altro, sono fanatici integralisti. La droga – fino a che non stanno male – è per loro un'esperienza totale e appagante.

E io, pur subendo il fascino di quella drammaturgia, nei miei anni di orge libresche sul divano d'inverno e di scorribande in campagna d'estate, avevo sperimentato con l'arte e la natura emozioni troppo profonde per poterci rinunciare.

Alla fine furono loro a salvarmi, come aveva previsto Ezra Pound.

La goccia che aveva fatto traboccare il vaso della mia predisposizione al nichilismo era stata una lettura superficiale di Gianni Vattimo e del suo *pensiero debole* durante l'ultimo anno di liceo.

Il nostro professore di filosofia, da me venerato, era devoto all'interpretazione vattimiana di Nietzsche, e me la trasmise come un virus.

L'essere «indebolito e poroso» di cui scriveva Vattimo ero senz'altro io, mia la *deriva destinale*.

La combinazione tra la mia interpretazione di *Il soggetto e la maschera* di Vattimo, le opere di Nietzsche, la malattia mentale di mia madre, quella fisica di mio padre e la fine degli anni Settanta fu micidiale.

«Che questo libro agisca come una droga, è un dato di fatto piú o meno generalizzato», scrive Giorgio Colli nella stupenda nota introduttiva al primo dei due tomi indivisibili di *Cosí parlò Zarathustra* di Friedrich Nietzsche, Piccola Biblioteca Adelphi, che ora stanno sulla mia scrivania di fianco alla scatolina di metallo, sottolineati e annotati con lo stesso rapidograph con cui scrissi la data sul frontespizio: aprile millenovecentottanta, l'anno dell'esame di maturità.

Mi presentai con una tesina intitolata *Aspetti etico psicologici della crisi dei valori positivistici* in cui parlavo di

Nietzsche, Wittgenstein e D'Annunzio. Presi persino un bellissimo voto.

In esergo avevo messo una frase tratta da I *fratelli Karamazov* di Dostoevskij : «"Chi prende in giro gli uomini, Ivan?" "Forse il diavolo?" ghignò Ivan Fëdorovič».

Che dice la mezzanotte profonda?
«Io dormivo, dormivo –,
«Da un sonno profondo mi sono risvegliata: –
«Profondo è il mondo,
«E piú profondo che nei pensieri del giorno.
«Profondo è il suo dolore –,
«Piacere – piú profondo ancora di sofferenza:
«Dice il dolore: perisci!
«Ma ogni piacere vuole eternità –,
«– vuole profonda, profonda eternità!»

Il canto di Zarathustra mi fregò. Capita a tanti.

Lo imparai a memoria e lo recitavo ai miei sventurati corteggiatori, insieme all'abusata frase: «Bisogna avere un caos dentro di sé per partorire una stella danzante», quando dovevo spiegargli che non sapevo se mi piacevano o no.

Una frase che, a dirla tutta, qualche volta ancora mi consola.

«Questo è il tormento di ogni grande maestro dell'umanità, – scriveva Nietzsche, – egli sa che, in date circostanze del tutto accidentali, può diventare con la stessa facilità una sventura o una benedizione per l'umanità».

Per me fu una sventura.

Della vita di Nietzsche, dei suoi dolori, dell'amore tormentato per Lou Salomé si è detto anche troppo, ma non

è scontato che si ricordi dove scrisse il primo volume di
Cosí parlò Zarathustra, nel 1883:

> L'inverno seguente vivevo vicino a Genova, in quell'insenatura
> quieta e graziosa di Rapallo, intagliata tra Chiavari e il promontorio
> di Portofino. Non ero nel miglior stato di salute. [...] Eppure, qua-
> si a riprova del mio principio, secondo cui tutto ciò che è decisivo
> nasce «nonostante tutto», il mio Zarathustra nacque in quell'in-
> verno e in quelle sfavorevoli circostanze. La mattina andavo ver-
> so sud, salendo per la splendida strada di Zoagli, in mezzo ai pini,
> con l'ampia distesa del mare sotto di me; il pomeriggio, tutte le
> volte che me lo consentiva la salute, facevo il giro di tutta la baia
> di Santa Margherita, arrivando fin dietro Portofino.

L'immagine di Nietzsche disperato, da solo in Liguria
all'*Hotel Posta* di Rapallo in pieno inverno, insonne, dedito all'oppio e a sfinenti camminate che duravano ore,
tormentato dalla gelosia per Lou Salomé e per il suo amico
Paul Rée, ancora mi rattrista, forse per la combinazione
tra mare in inverno e sofferenza d'amore.

Era il 14 febbraio quando lui terminò la prima parte del-
lo *Zarathustra* e andò a Genova per spedirla al suo editore.
Qui apprese una notizia che lo sconvolse: il giorno prima
era morto il suo ex grande amico Richard Wagner. Il 14
febbraio è il giorno del mio compleanno. Lessi in quella
coincidenza non so quale fosca predestinazione.

Dopo l'esame di maturità, mentre ero ancora immersa in quell'esaltazione nietzschiana, fu mia sorella a comunicarmi che nostro padre era malato.

> Ma anche tu – metti in guardia te stesso. Anche contro la tua compassione! […]
> Ma – lui – doveva morire: lui vedeva con gli occhi che tutto vedevano – vedeva la profondità e gli abissi dell'uomo. […]
> Il dio che vedeva tutto, anche l'uomo: questo dio doveva morire! L'uomo non tollera che un simile testimonio viva.

Che Dio era morto, Nietzsche lo aveva già scritto nella *Gaia scienza*, del resto lo cantava anche Guccini, ma io – che fino a pochi anni prima ogni sera pregavo Gesú Cristo – credetti di capirne il significato solo leggendo il canto di Zarathustra e immaginando la morte di mio padre.

Dopo «dieci giorni di gennaio assolutamente sereni e freschi», da quel 14 febbraio iniziano per Nietzsche mesi altalenanti e disperati in cui, oltre tutto, litiga e poi fa pace con l'insopportabile sorella Elizabeth.

Il 24 marzo scrive all'amico Overbeck: «... io non comprendo piú per quale ragione dovrei vivere anche solo mezzo anno di piú, tutto è noioso, doloroso, *dégoûtant*».
Il 20 maggio: «Non appena sono solo mi sento sconvolto come mai nella mia vita».

A fine agosto, su Lou Salomé:

> [...] a me ella manca, persino nelle sue cattive qualità: noi eravamo cosí diversi da poter sempre trarre qualcosa di utile dai nostri colloqui, non ho trovato nessuno cosí libero da pregiudizi, cosí intelligente e cosí preparato per il mio genere di problemi. Da allora è come se io fossi stato condannato al silenzio o a una sorta di ipocrisia umanitaria nei rapporti con tutti gli uomini.

E in *Al di là del bene e del male*:

> Chi lotta contro i mostri deve fare attenzione a non diventare lui stesso un mostro. E se tu riguarderai a lungo in un abisso, anche l'abisso vorrà guardare dentro di te.

Quando il suo migliore amico, Paul Rée, a Roma, gli aveva presentato Lou Salomé lui le aveva chiesto: «Cadendo da quali stelle siamo stati spinti qui l'uno verso l'altra?»

Del loro terzetto si è molto scritto.

Rée voleva sposarla, Nietzsche voleva sposarla, ma Salomé non voleva nessuno, e soprattutto non voleva rapporti fisici: le bastavano letture, discussioni, amicizia.

Forse lei e Nietzsche si baciarono, durante una gita al lago d'Orta, sul Sacro Monte, forse no.

Due anni dopo il loro primo incontro lui scrisse: «Soltanto dopo averla frequentata sono stato maturo per il mio *Zarathustra*».

Mi sembrò un gran bel tipo, Lou Salomé, nata il 12 febbraio 1861, cento anni prima di me, cosa che nella mitomania adolescenziale non trascurai di annotare: filosofa, scrittrice e psicoanalista russa coltissima e bellissima, amica di Sigmund Freud, fino a trentasei anni non volle saperne del sesso e quando decise di perdere la verginità andò a letto prima con Friedrich Pineles e poi con un ragazzo di ventidue anni di nome Rainer Maria Rilke.

Lasciò anche lui. Faceva cosí.

Pare si siano suicidati in parecchi per lei, compreso Paul Rée. Anche Friedrich Carl Andreas tentò di uccidersi e minacciò di riprovarci se non lo avesse sposato, cosa che Salomé fece, senza mai consumare il matrimonio.

A Rilke, quando lo lasciò, scrisse: «Vai incontro al tuo dio oscuro. Egli potrà per te quello che io non posso piú: egli ti può consacrare al sole e alla maturità».

Lui rispose: «Fosti il sublime che mi ha benedetto. E diventasti l'abisso che mi ha inghiottito».

Dopo, compose le *Elegie duinesi*.

Ancora prima di leggere qualcosa di suo, mi innamorai di lei.

Forse perché mia madre si era sposata a ventun anni, e quando da adolescente la osservavo, cosí stanca, pessimista e ansiosa, ne aveva cinquanta e sembrava annientata dall'impegno di dover conciliare, con molta fatica e poca organizzazione, il lavoro e la famiglia?

Quella ragazza volitiva che, a leggere le lettere delle sue compagne di scuola, era stata mia madre – l'insuperabile latinista generosa e felice – si era spenta sotto il peso delle *cose da fare*. E il caos dentro di lei, invece di partorire stelle danzanti, l'aveva sfinita.

Un giorno di dicembre del 1944 a Ludovico fu affidata la giovane Giannarosa da riaccompagnare da Castel San Pietro a Bologna. A piedi lungo la via Emilia, perché le linee ferroviarie erano sospese per i bombardamenti. La mamma raccontava che si innamorarono durante quel viaggio, nonostante lui si buttasse continuamente nei fossi al passaggio dei bombardieri, mentre lei, non si sa se stordita d'amore o coraggiosa, continuava a camminare impettita.

All'arrivo a Bologna erano fidanzati. Sei mesi dopo, il 4 giugno del 1945, si sposarono nella cattedrale di San Pietro a Bologna, in via Indipendenza. Lei aveva ventun anni e lui trenta: dal momento in cui si erano visti per la prima volta a quello del matrimonio erano passati solo sei mesi.

Già dal primo incontro dei miei genitori si capisce chi sarebbe diventata la figura dominante della famiglia: la ventenne che camminava sulla via Emilia incurante dei bombardamenti mentre l'ex soldato trentenne che aveva combattuto in Cirenaica, in Eritrea e in Croazia si nascondeva prudentemente nei fossi.

Un modello che si è riproposto per tutta la loro vita insieme: lei sotto i bombardamenti del lavoro fuori casa, in casa, delle figlie e del suo carattere impetuoso e irrazionale, mentre lui, cauto e fascinoso, riparava prudentemente nei fossi.

Con la scusa del lavoro mio padre era sempre via, dai suoi amati clienti contadini, nella natura, tra gli animali. Non smise mai di andare a caccia con gli amici di sempre, alle terme due volte l'anno, né di viaggiare mantenendo il suo sguardo quieto e allegro sul mondo, tanto quanto mia madre, che aveva fatto studi brillanti ed era stata piena di amiche, dopo vent'anni di matrimonio e due figlie era diventata una persona pessimista e angosciata.

Lou Salomé, che sottraendosi al sesso e al modello famigliare si era dedicata agli studi e all'arte, mi sembrò una figura invincibile.

Questo non mi impedì, dieci anni dopo, di desiderare dei figli e di costruire una famiglia, anzi due, con lo stesso afflato dedito al sacrificio di mia madre, la stessa mancanza di organizzazione, gli stessi nervosismi appena meglio celati.

Forse perché abbandonando Marx per Nietzsche – e meno spensieratamente di quando avevo sostituito Gesú Cristo con Marx – avevo perso per strada la visione lucida della società senza la quale una donna meno che saggia rischia di pagar care le gioie della famiglia.

Aprile

Questo pomeriggio mi ha telefonato un vecchio amico.
È stato il mio medico, prima di trasferirsi a Lucca, tanti
anni fa.

Ci siamo conosciuti quando ero appena arrivata a Milano e cercavo di archiviare gli anni nichilisti con una nuova
vita, un nuovo lavoro, un nuovo fidanzato, questa volta
dalla parte giusta degli anni Ottanta, giusta almeno dal
punto di vista della salute fisica e mentale.

Gli abiti si cambiano in fretta – volendo, anche i fidanzati e i lavori – ma il corpo no, e il mio, anche se avevo già
ventitre anni, aveva reagito agli ultimi eventi – la morte
di mio padre e i miei tentativi di anestetizzare il dolore –
con spaventose e ricorrenti tonsilliti identiche a quelle che
mi venivano in seconda elementare.

Stavo abbastanza male, ma come si sta male a ventitre
anni: un giorno sei euforico e l'altro disperato.

Lui era un medico omeopatico, e mi prescrisse il rimedio
Lachesis, che si estrae dal veleno di un serpente diffuso in
Sudamerica, della famiglia delle vipere, detto anche Cro-
talo muto, Surucucú e Terrore dei boschi.

Lachesis si dà soprattutto alle donne che tendono a
passare da fasi di grande eccitazione a fasi di depressione,
per il solito concetto omeopatico – allora almeno l'effetto placebo non te lo toglieva nessuno – secondo cui una

sostanza che ad alte concentrazioni presenta effetti ini-
bitori, a basse stimola il sistema immunitario.

Non c'era internet, quindi non sapevo che i sintomi locali del «tipo Lachesis» erano proprio le tonsilliti acute,
e quelli mentali: «Umore altalenante con manifestazioni
aggressive, specie su base passionale, con la sensazione
costante di aver commesso grandi colpe o di aver violato
leggi divine». Proprio come capitava a me.

Reduce da un lutto per il quale mi sentivo in colpa, come
succede a chi perde precocemente un genitore, ma anche
da alcuni mesi a Londra che mi avevano fatto scoprire nel
lavoro una strada di autonomia dalla famiglia che pensavo di aver tradito, non potevo ammalarmi cosí spesso: ero
arrivata a Milano, dovevo *lavorare*.

Forse sarei guarita comunque, ma con Lachesis le tonsilliti sparirono, e col dottore diventammo amici.

Non avevo capito, allora, che era un «tipo Lachesis» anche lui.

Ma lui aveva imbroccato subito il lavoro giusto: se ti piace soffrire, fare il medico è il mestiere ideale. Sei a contatto con la sofferenza – e questo un po' ti vaccina – ma puoi contribuire a diminuire quella degli altri, dando un senso alla tua vita, perché chi ama soffrire spesso tende alla malinconia.

Con Elio ormai ci conosciamo da quasi quarant'anni, anche se ci sentiamo di rado. Alla sua domanda: «Cosa stai facendo in questi giorni?» mi è venuto naturale raccontargli quello che non ho detto ancora a nessuno: «Mah, sto provando a scrivere – attraverso certi libri che mi hanno segnato – di quel piacere di soffrire che ben conosci. Solo che è difficile, faccio fatica, ci sto male».

Lui ha risposto, con un sorrisetto che si percepiva anche attraverso il telefono: «Certo che è difficile, ma se non ti facesse soffrire non lo scriveresti».

Ho affittato un posto. Credevo che non sarei riuscita a scrivere questo libro a casa mia, o forse cercavo solo una scusa per avere uno spazio nuovo dove andare ogni tanto.

Le case nuove sono pagine bianche, nuovi inizi. Le amo tutte come amo le mattine.

È lo studio di un'amica scrittrice, ci ero stata l'anno scorso, una sera di settembre, e mi aveva incantata.

È un monolocale al quinto piano di un palazzetto a cinquanta metri dalla mia prima casa di Milano, in Porta Genova, la vecchia casa dove ho vissuto dieci anni ed è nato mio figlio Ludovico.

Lo studio è minuscolo ma ha un bel terrazzo che si affaccia su una piccola via alberata e dei bei tetti di tegole rosse. Ed è rivolto al tramonto: la vista che sognavo da quando sono arrivata in questa città trentasette anni fa.

Avevo iniziato da poco a pensare a questo libro quando Hanne mi ha detto che affittava il suo studio per qualche mese. Mi sono lanciata: «Lo prendo io!», anche se non mi serviva davvero.

Quando ho deciso di scrivere sui libri che mi hanno rovinato la vita pensavo fosse facile.

L'idea mi è venuta il giorno in cui Carlo, mio buon amico, ha chiesto: «Perché non scrivi qualcosa di molto personale sui tuoi libri del cuore?»

Ogni tanto me lo domandano, perché mi occupo di libri da sempre, ma è una domanda che mi imbarazza, come da bambino quando ti chiedono (un tempo, ora forse hanno smesso) se vuoi piú bene alla mamma o al papà.

Stavolta però ho avuto un'illuminazione.

Ho pensato che anche se non potevo e non volevo scegliere tra i libri che ho amato, forse potevo e dovevo scrivere di quelli che mi avevano fatta soffrire, e che forse scrivendone avrei capito qualcosa di me, qualcosa che ho messo a fuoco da poco e che so essere importante.

Appena mi è venuta l'idea ho cominciato a correre tra una libreria di casa e l'altra, prendendo dagli scaffali i libri che associavo istintivamente a emozioni indimenticabili di *piacere e dolore insieme* e formando una pila sul tavolo della sala da pranzo.

Per primi ho scelto *La foresta della notte* di Djuna Barnes, *Il demone meschino* di Sologub, *Cosí parlò Zarathustra* di Nietzsche, *Caligola* di Albert Camus, *Ludwig Wittgenstein* di Norman Malcolm, *Un amore* di Dino Buzzati, *La vita agra* di Luciano Bianciardi, *I duri non ballano* di Norman Mailer, *Il mio mondo è qui* di Dorothy Parker, *I miei piccoli dispiaceri* di Miriam Toews e *In un milione di piccoli pezzi* di James Frey.

Lí di fianco ho appoggiato *Il tormento e l'estasi* di Irving Stone e *Cattedrale* di Raymond Carver.

Non sapevo ancora di quali libri o autori desideravo scrivere.

Avrei voluto metterci qualcosa di Pasolini, anche solo *Il pianto della scavatrice*, la poesia sulla quale – come quasi tutti i liceali – mi ero fissata da ragazza.

Inizia cosí:

Solo l'amare, solo il conoscere
conta, non l'aver amato,
non l'aver conosciuto. Dà angoscia
il vivere di un consumato
amore. L'anima non cresce piú.

Pasolini ha inciso piú come intellettuale, scrittore e regista che come poeta, ma quel «dà angoscia il vivere di un consumato amore» che mi si rivelò a diciott'anni non è mai stato smentito.

Ho capito subito che Bukowski non sarebbe entrato nella pila, nonostante il divertimento di quando lo lessi, da ragazza.

Stessa cosa per John Fante, Kurt Vonnegut, Joseph Heller: autori che ho amato senza soffrire.

Ho pensato che dovevo metterci almeno un libro di Guido Morselli, e una poesia di Franco Fortini, e il bellissimo *Passaggio in ombra* di Mariateresa Di Lascia. E qualcosa di Fabrizia Ramondino e Anna Maria Ortese.

Niente Hemingway, perché il suo posto nel mio cuore lo prese Raymond Carver, ma non so se ci sarà Carver, perché lui, alla fine, è uno che ha scelto la luce.

Non per quello che ha fatto nella sua vita – quando dopo tanti anni di alcolismo smise di bere – o per la sua poesia:

E hai ottenuto quello che
volevi da questa vita, nonostante tutto?
Sí.
E cos'è che volevi?
Potermi dire amato, sentirmi
amato sulla terra

ma per la trasparenza della sua scrittura.

Ecco! Non importa cosa racconti, ma come lo racconti.

C'è anche un modo asciutto per raccontare il dolore, e non è stato quello di Nietzsche, Barnes e Sologub, i miei tre maledetti.

Scrivi mi dico, odia
chi con dolcezza guida al niente
gli uomini e le donne che con te si accompagnano
e credono di non sapere. Fra quelli dei nemici
scrivi anche il tuo nome. Il temporale
è sparito con enfasi. La natura
per imitare le battaglie è troppo debole. La poesia
non muta nulla. Nulla è sicuro, ma scrivi.

È il finale di *Traducendo Brecht*, la poesia di Franco Fortini tratta dalla raccolta *Una volta per sempre* scritta tra il '59 e il '62.

«Il titolo di questa raccolta vorrebbe essere inteso tanto nel significato di "una volta per tutte", cioè di dichiarazione e suggello, quanto in quello di irripetibilità, assolutezza e responsabilità del vissuto e compiuto», scrisse Fortini nelle note.

Franco Fortini lo incontrai in una casa di corso di Porta Ticinese, nei miei primi anni a Milano, e gli dissi tutta la mia ammirazione.

Fu molto dolce con me. Arrossí, chiese se ero «una di quelle giovani che ogni tanto gli telefonavano dai giornali alle ore piú improbabili».

Lo ero, e me ne vergognai, ma lui sorrise con comprensione e alzò le spalle come per dire che mi perdonava.

In *Traducendo Brecht* sono i versi: «Fra quelli dei nemici | scrivi anche il tuo nome» a emozionarmi. Che guaio

abbiamo noi che siamo nemici di noi stessi? Ma mi aveva-
no toccato altrettanto i versi: «La poesia | non muta nulla.
Nulla è sicuro, ma scrivi».

Veleno e antidoto in una sola poesia.

Ma è Carlos Drummond de Andrade il poeta che piú mi ha parlato di me:

Non mi scorderò mai di quell'avvenimento
nella vita delle mie retine stanche.
Non mi scorderò che nel mezzo del cammino
c'era una pietra
c'era una pietra nel mezzo del cammino
nel mezzo del cammino c'era una pietra.

Tutti siamo inciampati in qualche pietra, sul nostro cammino. Chissà perché siamo convinti che succeda solo a noi e ci sentiamo tanto soli.

Alla prova di disegno dell'esame di terza media dipinsi con le tempere un deserto con una pietra nel mezzo. Mi tornò in mente quando, qualche anno dopo, lessi il poeta brasiliano Drummond de Andrade tradotto da Antonio Tabucchi e mi colpí ancora piú di Pessoa.

Tutti ci siamo sentiti amareggiati, delusi, inadeguati. Chissà perché siamo convinti che i poeti parlino soltanto a noi:

La poesia è incomunicabile.
Stattene storto nel tuo angolo.
Non amare.
Sento dire che c'è una sparatoria
all'altezza dei nostri corpi.
È la rivoluzione? L'amore?
Non dire niente.

Tutto è possibile, solo io impossibile.
Il mare trabocca di pesci.
Ci sono uomini che camminano sul mare
come se camminassero per strada.
Non raccontarlo.
Supponi che un angelo di fuoco
spazzasse la faccia della terra
e gli uomini sacrificati
chiedessero perdono.
Non chiederlo.

Questa è *Segreto*, dalla raccolta *Palude delle anime* che Drummond de Andrade pubblicò nel 1934, a trentadue anni.

Ero io quella. Quella che stava storta nel suo angolo, quella impossibile mentre tutto è possibile, quella che sentiva l'amore trafiggerla come una raffica di pallottole e decideva che bisognava tacere, non bisognava amare, e assolutamente non bisognava perdonare.

Quando ho conosciuto Grazia Cherchi lei aveva cinquantaquattro anni e io ventinove.

Lei era la reduce dell'avventura gloriosa dei «Quaderni piacentini» con Piergiorgio Bellocchio e Goffredo Fofi, era l'editor stimatissima dei giovani Baricco, Benni e Maggiani, ed era nota per la sua severità: la fama di brusca zarina dell'editoria italiana era alle stelle, ma lei era sempre povera e irregolare come agli inizi.

Io ero l'ultima delle collaboratrici della sezione *Cultura e Spettacoli* di «Panorama», dove Grazia teneva una temuta rubrica di critica letteraria.

La intuii, anche se non avevo ancora letto i malinconici, bellissimi, amari racconti di *Basta poco per sentirsi soli,* e dal primo incontro mi venne di essere molto affettuosa.

Le raccontai di Ferrara, e lei che era di Piacenza, una «romantica donna emiliana» come la definì Lalla Romano, notò che avevamo, come molti delle nostre parti, gli stessi occhi e capelli scuri, lei su una faccia azteca che le veniva dal padre sardo Amsicore, io su una faccia mongola ereditata da mio padre Ludovico - Gengis Khān.

Dissi anche a lei, come a Franco Fortini, quanto la ammiravo, e le scapparono dei gran sorrisi.

A quei tempi fumavo ancora, anche se senza gusto, solo per posa, mentre lei aspirava con voluttà. Le accendevo una sigaretta dopo l'altra.

«Di lui [Fortini] qualcuno, parafrasando Manzoni, ha detto: che grand'uomo, ma che tormento», fece dire Grazia al suo alter ego, la protagonista di *Fatiche d'amore perdute*, delizioso e spudorato romanzo «di conversazione» ora fuori catalogo (perché?), che lasciò sbalorditi e critici tutti gli amici che vi si erano visti ritratti, e uscí due anni prima che Grazia morisse a cinquantotto anni per un tumore trascurato.

Gli esseri sofferenti che tentano di celare la loro sofferenza stimolano il mio senso materno e Grazia Cherchi mi sembrò subito, fin dal primo scambio durante una presentazione alla Feltrinelli di via Manzoni, una persona molto sola.

Pareva che non fosse abituata a essere trattata con tanta attenzione e fu amorevole e dolce, ogni volta che ci incontrammo.

Ho già usato l'aggettivo «dolce» per Fortini, non per nulla erano stati grandi amici: nelle persone che hanno fama di essere spigolose, quando affiora, la dolcezza risalta di piú.

«Non durano eterni | neanche i Quaderni | ma eterna si spazia | la gloria di Grazia», scrisse Franco Fortini di Grazia Cherchi.

Nell'introduzione a *Scompartimento per lettori e taciturni*, la raccolta dei suoi articoli uscita per Feltrinelli, Piergiorgio Bellocchio scrive una cosa che mi commuove:

Grazia è sempre stata una lettrice appassionata e insaziabile. In tanti lo siamo stati: lettori onnivori, soprattutto nell'età giovanile. Poi, o si smette quasi di leggere o si selezionano drasticamente le letture, privilegiando questo o quel genere e abbandonando il resto. Per quel che mi riguarda... ho praticamente abolito la letteratura contemporanea, non solo italiana... Grazia non poteva fare a meno, come alimento quotidiano, della letteratura contemporanea. Era anche il suo modo di partecipare alla vita sociale, collettiva. Le dicevo che, per questo, bastavano i giornali e la televisione. Ma lei replicava che il filtro soggettivo di uno scrittore, anche mediocre, produceva sempre un di piú di conoscenza. Il suo rapporto col mondo, con la vita, aveva bisogno di essere sempre personalizzato.

È un'immagine bellissima, e una sensazione che conosco.

Per lei esistevano solo singole persone, individui, ognuno con propri gusti, ambizioni, frustrazioni, esigenze, vizi, virtú, felicità, infelicità eccetera. L'esperienza e il destino di ciascuno erano qualcosa di unico, anche se non sempre interessante. E ognuno aveva qualcosa di suo da dire, anche se poteva non essere capace di esprimerlo bene. La letteratura restituiva agli uomini la voce personale – l'anima – che la vita pratica tendeva inesorabilmente a soffocare.

Dai suoi racconti e dal romanzo, che lessi soltanto dopo che nell'agosto del 1995, quando non la vedevo piú da un anno, seppi che era morta, capii che Grazia Cherchi era, proprio come mi era parso, della famiglia dei malinconici spietati con sé stessi, ma anche una persona caritatevole che amava furiosamente* gli altri e la vita.

In uno dei suoi articoli uscito su «Panorama», scriveva: «L'editing è un lavoro che richiede una forte dose di masochismo. Bisogna infatti tuffarsi nell'altrui personalità abdicando alla propria; [...] è un lavoro che resta rigorosamente anonimo, di cui si è ringraziati solo verbalmente».

Era tanto severa quanto altruista, e lavorava, gratis, per tutti gli amici che le chiedevano pareri, letture, consigli, pranzi, ascolto e attenzione.

---

* «Che cosa furiosamente grande è la vita» lo fa dire a Mario in *Fatiche d'amore perdute*, autocitando un suo racconto di *Basta poco per sentirsi soli*.

Nel primo racconto di *Basta poco per sentirsi soli* all'amico poeta che arriva in ritardo a colazione brandendo la sua ultima poesia da farle leggere e chiede: «A proposito, come va il lavoro?» risponde solo: «Male, sono in disgrazia».

E quando lui ribatte: «Posso fare qualcosa?» risponde con un secco: «No».

Aggiungendo, tra sé: «A danneggiarmi basto io».

«Di noi sapeva tutto, quasi tutto; niente, quasi niente noi si sapeva di lei. In fondo ci faceva comodo pensare a un'intelligenza senza problemi», scrive nella prefazione a *Scompartimento per lettori e taciturni* il poeta Giovanni Giudici, uno dei suoi amici piú assidui, che le aveva dedicato due anni prima che morisse una poesia intitolata *Brindisi*. Cominciava cosí:

Altro vino ora c'inebria
altro cibo oggi ci sazia
ma il ricordo s'insinedria
alla tua tavola o Grazia.

Di tetrapodie trocaiche
a te salga questa brezza
nostalgie di rime arcaiche
spine in te di tenerezza.

Ho pensato a lei e alle sue *spine di tenerezza* pochi giorni fa, su un vagone silenzioso del Frecciarossa.

Ai suoi tempi gli scompartimenti dove bisognerebbe stare in silenzio non esistevano e Grazia li evocava (il titolo della raccolta dei suoi articoli edita da Feltrinelli viene da una frase di Peter Noll, che dice: «Perché a nessuna società ferroviaria è mai venuto in mente di istituire scompartimenti per taciturni o per lettori?») come un sogno impossibile per leggere in pace, senza immaginare quanto sarebbe costato il biglietto e forse neanche quanta voglia di litigare – invece che di raccogliersi – sarebbe aleggiata.

Ho pensato a lei perché una ragazza un po' sciupata e molto miope – che stava spiegando a qualcuno al telefono a che ora doveva venire a prenderla in stazione – è stata aggredita verbalmente da un cinquantenne in scarpe da ginnastica, che dopo neanche venti secondi dall'inizio della telefonata si è alzato dal suo posto ed è corso a redarguirla. Sembrava non aspettasse altro che poter affermare il suo diritto al silenzio.

Le ha proprio detto: «Io lo pago, questo posto!»

La ragazza – evidentemente troppo sensibile – invece di mandarlo al diavolo o ignorarlo si è messa a piangere. In quel momento è passato il capotreno e ha lanciato al tizio uno sguardo che diceva: «Lo so che in teoria hai ragione, ma vacci piano, non lo vedi che è una persona fragile?»

Se ci fosse stata Grazia, avrebbe di sicuro affrontato quel tizio, come faceva a volte con certi maleducati sui mezzi di trasporto che usava assiduamente a Milano per raggiungere amici e postulanti in giro per la città.

Le sue rubriche sull'«Unità» ospitavano spesso i suoi amari appunti di viaggio e qualcuno è entrato in *Basta poco per sentirsi soli*, come questo:

Se si è nervosi, depressi, fisicamente malconci, disturba non poco (e si ha anche la sgradevole sensazione di sfiorare pericolosamente l'isteria) il turpiloquio dei giovani, che è la parte principale dei loro rumori orali. L'altro giorno in piedi in tram ho dovuto sorbirmi uno di costoro, seduto ben spaparanzato a gambe larghe, mentre urlava al coetaneo, sdraiato vicino a lui, un indecifrabile racconto tutto centrato sulla parola «cazzo». Approssimandosi la mia fermata, non ho potuto fare a meno di dirgli: «Ma lo sa che in soli cinque minuti ha detto ventidue volte "cazzo"?»

«Ma lei che cazzo vuole?» mi ha sbraitato.

«E siamo a ventitre», ho urlato a mia volta, affrettandomi pavidamente a scendere.

Ho visto *Senza tetto né legge* a Milano nel 1985, forse al cinema President.

La vibrazione che mi lasciò me lo ha fatto ritenere, in tutti questi anni, sempre per il principio secondo il quale soffrire mi esaltava, uno tra i film che mi avevano emozionata di piú, insieme a *Querelle de Brest* di Rainer Werner Fassbinder e *Apocalypse Now* di Francis Ford Coppola.

Di *Apocalypse Now*, visto l'anno della maturità, appesi tre anni dopo la locandina con gli elicotteri nella mia cameretta londinese, perché in quel periodo, nonostante l'eccitazione per la prima esperienza di lavoro e di vita fuori dall'Italia, mi sentivo sola come quelle colline distrutte dal napalm.

Querelle de Brest, che Fassbinder girò poco prima di morire, a trentasette anni, di overdose, l'avevo visto un pomeriggio a Ferrara insieme ad Andrea al cinema Apollo.

Allora Andrea e io non capivamo perché, e nemmeno ce lo domandavamo, ma sentivamo che in quel film tutto parlava di noi: la fotografia cupa sui toni del giallo e del rosso, le scenografie barocche e decadenti – è tutto girato in teatro di posa –, i dialoghi letterari, l'atmosfera morbosa, la pulsione di morte, la musica.

Quando Jeanne Moreau, che interpreta l'amante del fratello di Querelle e canta nel bordello della città, intona *Each Man Kills the Thing He Loves*, Andrea e io ci stringemmo forte la mano, non per paura ma per commozione e senso di appartenenza.

Il marinaio Querelle scendeva all'inferno per trovare sé stesso. Ai nostri occhi lui sí che era un puro, proprio come noi, che quel coraggio credevamo di averlo.

Fassbinder aveva subito il fascino tenebroso di Jean Genet e noi subivamo il suo.

Quando rividi *Querelle de Brest*, molti anni dopo, mi sembrò un film artificioso e insostenibile, tranne nella scena in cui Jeanne Moreau canta la canzone tratta dalla *Ballata del carcere* di Oscar Wilde:

> Ognuno uccide la cosa che ama,
> tutti lo devono sapere,
> c'è chi lo fa con uno sguardo,
> e chi con le lusinghe,
> il codardo può farlo con un bacio,
> chi ha coraggio usa la spada!
>
> Molti uccidono l'amore da giovani,
> altri nella vecchiaia,
> c'è chi strangola con mani di lussuria
> e chi con quelle dell'oro:
> i piú pietosi usano il coltello
> perché i morti subito si freddano.
>
> C'è chi ama troppo poco e chi troppo a lungo,
> certi vendono, altri comprano.
> C'è chi compie l'atto tra le lacrime,
> e chi senza un sospiro.
> Perché ciascuno uccide l'oggetto del suo amore,
> ma non tutti ne muoiono.

Oscar Wilde scrisse la *Ballata del carcere* tra il 1897 e il 1898, appena uscito dalla prigione di Reading. Gli avevano dato due anni di lavori forzati perché era omosessuale.

La poesia era dedicata alla memoria di Charles Thomas Wooldridge, che aveva incontrato in carcere: un ex soldato della Royal Horse Guards condannato all'impiccagione per avere ucciso la moglie.

Da tempo collaboro a progetti di reinserimento nel carcere di San Vittore, dove oggi si trovano solo i detenuti in attesa di giudizio. Vent'anni fa, però, c'erano quelli con le condanne definitive e ho conosciuto due uxoricidi. Uno era anziano: un elettricista brianzolo che aveva strangolato la moglie in un attacco di gelosia. Non parlava mai di lei.

L'altro era un dentista marchigiano e una volta lo sentii mentre raccontava di averle «dato la botta...»

Credo l'avesse uccisa con una coltellata.

Spesso ho simpatizzato coi detenuti che ho incontrato in carcere. Con loro due non ci sono riuscita.

In *Senza tetto né legge* c'è una ragazza, Mona, interpretata da Sandrine Bonnaire, che vive per strada, facendo l'autostop, senza documenti, da sola.

Le piacciono la musica, l'erba, il vino e i ragazzi. Anche se è molto giovane non ha voglia di costruire nulla, le basta vivere cosí: libera, senza futuro, senza passato, senza desideri che non siano qualcosa da mangiare, del vino, un po' di sesso e molte sigarette.

Nel 1985, mentre da alcuni mesi mi travestivo con un tailleurino grigio cercando di esplorare il lato yuppie degli anni Ottanta, una parte di me si sentiva ancora attratta dalla vita punk di Mona, forse perché doversi celare nutre quel che di noi vogliamo nascondere e lo rende piú potente.

Ho pensato per trent'anni a *Senza tetto né legge* come a uno dei miei film della vita, poi ieri l'ho rivisto.

Come tutte le opere di Agnès Varda, *Senza tetto né legge* è un bellissimo film, pensato, scritto, girato e montato col suo stile sensibile, originale e coinvolgente.

Stavolta però non ho sentito nessuna identificazione con la disgraziata Mona, a differenza di quanto accadde nell'85. Nemmeno ricordavo che il film iniziasse con la sua morte.

Il cadavere viene ritrovato una mattina in una vigna dove Mona è morta assiderata dopo essere inciampata la sera prima, da ubriaca.

La sua storia è raccontata da quelli che l'hanno incontrata nelle settimane che precedono la morte: i ragazzi coi quali è stata una notte, il pastore hippy e filosofo che l'ha ospitata, la professoressa che le ha dato un passaggio in macchina, un operaio marocchino, una badante.

Anche vedendo *Into the Wild*, che ha in comune con *Senza tetto né legge* la ricerca di una catarsi solitaria e assoluta, avevo provato un sentimento simile, nel 2007: quella che oggi mi sembra un'esaltazione autodistruttiva.

Scrissi *L'acustica perfetta* ascoltando e riascoltando *Guaranteed* di Eddie Vedder, che fa parte della colonna sonora del film di Sean Penn: nel mio romanzo ciò che divide Arno e Sara è proprio il modo di sentire, o di non voler sentire, il dolore. Arno ama Sara fino a che non si rende conto che non potrà mai darle quel che lei gli chiede: la compassione, il soffrire insieme.

Nessuno dei miei tre film, *Senza tetto né legge*, *Apocalypse Now* e *Querelle de Brest*, mi ha dato, nel rivederlo, le stesse emozioni di allora: una constatazione che – soddisfatta – porto a testimonianza della mia guarigione.

O sono soltanto cresciuta?

Di essere ansiosa anch'io, come mia madre, l'ho scoperto pochi anni fa. Un pomeriggio, mentre leggevo sul divano un piccolo libro intitolato *La mia dislessia*, dove il premio Pulitzer Philip Schultz racconta il momento in cui, da adulto, ha capito che tutti i suoi disagi infantili – era uno studente pessimo, non ricordava le parole e non sapeva distinguere la destra dalla sinistra – avevano un nome, e quel nome era dislessia, mi sono resa conto che l'inquietudine che sentivo da quando ero adolescente aveva un nome, e quel nome era ansia.

Io odiavo l'ansia. L'ansia di mia madre era stata una cosa tanto dolorosa quando ero bambina che non mi ero mai permessa di riconoscerla in me. Capire che l'agitazione, la preoccupazione che sentivo si chiamava ansia è stato liberatorio.

L'ho guardata da fuori, e ora so piú o meno conviverci. Farci amicizia è chiedere troppo, sapere che c'è e non prenderla sempre sul serio aiuta a disinnescarla. Quella consapevolezza ha ispirato un romanzo che ho voluto intitolare *Storia della mia ansia*, in omaggio a Philip Schultz, e da quando l'ho scritto sono molto meno ansiosa.

I libri di cui sto scrivendo adesso, e l'effetto che hanno avuto su di me, mi fanno riflettere sulla compagna dell'ansia, che non voglio chiamare depressione, perché la depressione è una malattia seria, ma malinconia.

Sentirsi giú e non limitarsi ad aspettare che passi, ma caricare di misticismo e assolutismo la sensazione di inutilità e mancanza di futuro che si prova quando si è malinconici, godere di quella sofferenza a volte autodistruttiva peggiora le cose, perché se ci esaltiamo non vediamo piú ciò che abbiamo davanti.

Non è possibile guardare la malinconia da fuori, riconoscerla, farci i conti, cosí come ho imparato a fare con l'ansia?

Forse anche la malinconia, come l'ansia, può avere un lato buono, portare a qualcosa di utile, di umano, se non si fugge ma si impara a osservarla, addomesticarla, a non prenderla sul serio.

Credo che per fare questo cammino io debba proprio passare dalle opere che mi hanno esaltata. E distinguerle da quelle che invece sanno parlare della tristezza e della disperazione per ciò che sono, senza pomparle come razzi lanciati nello spazio destinati a esplodere.

Cattedrale di Raymond Carver è questo: un'opera che sa raccontare tristezza, emarginazione, solitudine e disperazione senza crogiolarcisi.

Ecco perché Carver rimane.

Minimalismo batte massimalismo.

Per parlare della tristezza bisogna togliere, spegnere, non aggiungere. Il dolore è già abbastanza ridondante e incandescente di suo.

Maggio

Il primo pomeriggio che sono andata a lavorare in via
Barbavara ho caricato in uno di quei carrellini con le ruote
che si usano per fare la spesa il mio computer portatile, tre
tascabili Bompiani degli anni Settanta (*Caligola* di Camus,
Ludwig Wittgenstein di Norman Malcolm e *Il mio mondo è
qui* di Dorothy Parker), due coppe di cristallo avvolte in
una coperta e il necessario per l'aperitivo che avrei offer-
to alla mia prima ospite, Caterina: un pacchetto di noci
sgusciate, uno di semi di zucca e due banane.

Ho poi cotto tre lunghe salsicce, le ho tagliate a cubetti
e le ho messe in una ciotolina.

Sono uscita dopo aver riempito il carrellino, ma senza
le salsicce, delle quali mi sono ricordata solo quando ero
già fuori dal portone, quindi sono risalita in casa a pren-
derle, soprattutto per il timore che le mangiasse il gatto e
gli facessero male.

Sulla strada – lo studio è a un chilometro da casa mia,
dieci minuti a piedi – mi sono fermata al supermercato dove ho comprato una vaschetta di fragole della Basilicata,
una di pomodori datterino su cui era scritto: «Siamo nati
in campagna, a due passi da Milano e il rispetto per l'ambiente ce lo abbiamo nel sangue», un pacchetto di trian-
golini di mais, uno di cubetti di Grana padano e una bot-
tiglia di Franciacorta.

Quel primo pomeriggio allo studio ho lavorato solo un'ora, perché ho ricevuto tre visite.

Hanne, la padrona di casa, con una macchinetta da caffè per i fornelli a induzione, Emilia con una confezione da sei bottiglie d'acqua che le avevo chiesto di portarmi e Caterina con un'orchidea rosa.

Il terrazzo di via Barbavara – con la lavanda, le rose, la vite, i tetti rossi, le rondini, il tramonto – è cosí bello che non so piú dove sto andando con questo libro.

Come fa la mia Annie Dillard, l'autrice di *Pellegrinaggio al Tinker Creek* premiata da Obama con la National Medal of Arts, a non distrarsi, quando va a scrivere in quei capanni sul lago, o in mezzo al bosco?

> Per catturare il miele in un bosco, per prima cosa cattura un'ape. Cattura un'ape quando le sue zampe sono cariche di polline: è il momento in cui è pronta per andare a casa. È semplice catturare un'ape su un fiore: tieni una tazza o un bicchiere sollevato sopra l'ape e quando si alza in volo tappa il contenitore con un cartoncino. Porta l'ape fino a un luogo aperto nelle vicinanze – meglio se sopraelevato –, liberala e guarda dove va. Tieni gli occhi sul suo volo finché riesci a scorgerla, poi corri verso l'ultimo posto in cui l'hai vista. Aspetta lí finché non vedi un'altra ape; catturala, liberala e guardala. Ape dopo ape, sarai condotto verso il miele, finché non vedrai l'ultimo insetto entrare nell'albero giusto. Thoreau descrive questo processo nei suoi diari. Un libro guida il suo scrittore nello stesso modo.

Grazie, Annie, di avermi spiegato cosa sto facendo su questo terrazzo e con i libri che ho portato con me: sto inseguendo le api.

Giugno

Oggi sono andata in via Barbavara solo al tramonto.

Emilia mi ha scritto alle sei e mezza: «Sono triste perché nessuno beve un aperitivo con me».

Le ho risposto: «Lo bevo io».

Imprevedibilmente, ha accettato. Potenza del tramonto di via Barbavara.

Tra le citazioni feticcio assorbite da adolescente che si sono rivelate premonitrici c'è una frase di Pearl S. Buck che non ho mai dimenticato: «Terribile cosa l'amore se la sua vena non si effonde pura e libera da cuore a cuore».

L'ho fatta pronunciare anche alla mia Gabriele Münter in *Oggi faccio azzurro* a proposito delle sue sofferenze amorose con Kandinskij.

Avrei giurato che quelle parole venissero da *La buona terra*, che avevo divorato a undici anni, ma quando le ho cercate non le ho ritrovate. Eppure ho il ricordo fotografico di quell'Oscar consunto con la frase sottolineata!

Perché avrò sottolineato, a undici anni, una frase del genere, e non l'ho più dimenticata? Non è neanche cosí bella. È solo vera.

La buona terra l'ho trovato nella collezione Medusa Mondadori del 1963 (la diciannovesima: la prima era del 1933) su una bancarella di libri usati. L'ho comprato proprio per cercare quella citazione, dato che nella mia libreria, di Pearl S. Buck, tanto amata e tanto letta, è rimasto soltanto *Questo indomito cuore*, che neanche mi era piaciuto ma avevo conservato per il titolo.

Ho aperto il Medusa verde che profumava di muffa e cantina e letto l'incipit:

> Il giorno degli sponsali era arrivato. A tutta prima, aprendo gli occhi nell'ombra delle tende che circondavano il suo letto, Wang Lung non riuscí a spiegarsi le ragioni di un'alba cosí insolita.

Già che c'ero ho preso anche *Figli*, il sequel del 1937, per vedere se la mia citazione feticcio magari era lí. O sarà stata in *L'amore di Ai-Uan*? O in *Stirpe di drago*?

Mi era piaciuto tanto leggere la saga cinese di Pearl S. Buck, da ragazzina. Non la sento piú nominare da nessuna parte. Eppure vinse un Pulitzer nel 1932 e un Nobel per la letteratura nel 1938.

Ebbe una vita spettacolare: i suoi genitori, missionari della Chiesa presbiteriana, si erano trasferiti in Cina dalla Virginia quando lei aveva tre mesi, e fu cresciuta da una tata cantonese e da un maestro pechinese a Ching Kiang, sul fiume Yangtze. E non come quei bianchi che stavano tra di loro negli insediamenti per stranieri: la sua famiglia abitava proprio nella città cinese e lei considerava il cinese la sua lingua madre. Ogni tanto il padre tornava a casa pieno di lividi, quando incrociava qualche trafficante d'oppio che cercava di convertire. I suoi vivevano in una condizione pericolosa ma anche privilegiata, perché avevano molti mezzi e molti appoggi.

Tornò per la prima volta in America, in Virginia, a diciotto anni, per studiare letteratura inglese. Si era laureata da poco quando sposò John Lossing Buck, un insegnante di economia agraria, e rientrò in Cina con lui per insegnare all'Università di Nanchino. Dopo dieci anni, quando le cose per gli stranieri si stavano mettendo male (era il 1927), si trasferí in Giappone, e poi in America dove pubblicò, a trentanove anni, *La buona terra*, il grandissimo successo che le valse il Pulitzer.

Il suo matrimonio era in crisi da prima del Giappone. Aveva avuto una figlia con pesanti problemi cerebrali che aveva bisogno di terapie costosissime. Per curarla, e forse anche per sfuggirle, Pearl scriveva e scriveva. Pubblicò piú di ottanta opere, nella sua lunga vita.

Tre anni dopo il Pulitzer, l'11 novembre 1935, sposò il suo editore, col quale condivideva la passione per i diritti civili, la causa femminista, la filantropia e il successo.

E quando – piú di trent'anni dopo – lui morí, si mise con un insegnante di danza di quarant'anni piú giovane, che la adorava.

Negli ultimi anni le venne nostalgia della Cina e scrisse a Mao Tsê-tung per avere il visto d'ingresso nella Repubblica popolare, ma lui non glielo concesse. Quasi ottantenne, si dedicò a combattere le armi nucleari intervistando scienziati e scrivendo un'opera teatrale dove condannava il bombardamento atomico su Hiroshima.

La buona terra non rientra tra i miei libri maledetti, ma mi chiedo perché quella frase mi sia rimasta inchiodata in testa per cosí tanti anni.

Che l'amore potesse essere una cosa terribile, l'ho scoperto molto tempo dopo. Un'esperienza che mancava, nella mia vita. Forse perché, prefigurandola, me ne ero tenuta lontana?

Subito dopo aver comprato le Meduse sono passata davanti a un chiosco che esponeva, tra varie specie di piante e fiori, un vaso solitario di piantine di fragole.

«È Celestino che me lo manda, per ricordarmi la luce!» mi sono detta. E ho comprato anche quello.

Tornata a casa, ho cominciato a rileggere *La buona terra*.

La storia del contadino Wang Lung e della sua sposa, la ex schiava O-Lan, mi ha riconquistata subito.

Quando l'ho finito, anche se era quasi sera, sono andata a cercare nella mia libreria la copia di *Questo indomito cuore*.

Ricordavo di non averlo finito: era un romanzo ambientato in America, molto meno bello dei libri «cinesi» di Pearl S. Buck. L'ho ripreso dove l'avevo lasciato: c'era un segnalibro.

E proprio alla fine, nell'ultima pagina, ho trovato la gemella della citazione che ricordavo: «Soffrirai perché niente dura, ecco tutto. È la dannazione finale alla quale cerchiamo di sfuggire per tutta la vita».

Da quando ho affittato lo studio sono stata in via Barbavara tre volte e non ho lavorato quasi per niente, perché il terrazzo è troppo bello.

Si vedono – senza essere visti da nessuno – il cielo e le nuvole. Si sente il canto degli uccelli tra le fronde degli alberi mentre scende la sera, sono fiorite profumate rose rosa, sta per spuntare la lavanda, ci sono un limone, un fico e addirittura una piccola vite.

Non è un posto dove mi piace stare da sola: mi viene sempre voglia di invitare qualcuno a bere l'aperitivo.

«Tutti i libri del mondo non valgono un caffè con un amico», fa dire Ermanno Olmi a Raz Degan in *I cento chiodi*.

Figuriamoci uno spritz.

Qui ho soltanto riletto, una sera, mentre aspettavo che il vino si raffreddasse nel freezer, il *Caligola* di Camus, di appena sessanta pagine. Lo avevo scelto con sicurezza tra le letture che mi avevano dato la *vibrazione scura*.

La prima frase che trovo sottolineata porta dritta dove mi aveva lasciato Pearl S. Buck. La teoria della api di Annie Dillard è infallibile.

Anche Albert Camus vinse il premio Nobel per la letteratura. Nel 1957, vent'anni dopo Pearl S. Buck, ma lui non è stato dimenticato. Anzi, grazie a *La peste* ha avuto un recente ritorno persino nella classifica di Amazon.

La frase è questa:

> È ridicolo pensare che l'amore possa rispondere all'amore. La gente ci muore intorno, tutto qui. Questo mondo cosí com'è non è sopportabile. Gli uomini muoiono e non sono felici.

C'è qualcosa da aggiungere? Questo: che Albert Camus aveva deciso di non cedere piú a nessuno i diritti di rappresentazione del suo *Caligola*, nemmeno a Laurence Olivier, perché a quanto pare era stato deluso dalla messinscena di Strehler, ma chissà se è vero o è una malignità.

Quello che sembra vero, e anche se non lo fosse sarebbe bellissimo, è che un ventenne pugliese, un attore sconosciuto ed esordiente, si era messo in testa di rappresentare *Caligola* a tutti i costi, e voleva andare a Parigi per cercare di convincere il grande Camus, fresco di premio Nobel, a vendergli i diritti. Scoprí che sarebbe venuto a Venezia, alla Fenice, e andò a incontrarlo.

Era soltanto un ragazzo, e non sappiamo cosa gli disse, ma evidentemente piacque molto ad Albert Camus, che gli concesse i diritti gratis, in cambio di una poltrona per la prima.

Il ragazzo si chiamava Carmelo Bene.

Alla prima, Camus non ci andò, ma c'erano Roberto Rossellini, Mario Pannunzio e John Francis Lane, che elogiò sul «Times» «la nuova stella nascente del teatro italiano», cosa che lasciò il mondo del teatro italiano senza fiato, perché nessuno conosceva quel ragazzo di Campi Salentina, e chi lo conosceva lo considerava un cialtrone.

L'anno dopo Albert Camus sarebbe morto, a quarantasei anni, in un incidente d'auto. Era in Borgogna, di ritorno a Parigi sul coupé del suo editore Michel Gallimard.

Gallimard, che guidava, muore in ospedale, moglie e figlia che sedevano dietro si salvarono, Camus che stava accanto al guidatore morí poco dopo l'impatto contro un platano.

Gli trovarono in tasca il biglietto del treno che aveva deciso all'ultimo di non prendere.

Avrei voluto esserci io, alla prima di quel *Caligola*, vedere Carmelo Bene interpretare l'imperatore pazzo, ma nel 1959 non ero ancora nata.

Molti anni dopo, nel 1987, ebbi però il mio periodo Carmelo Bene, e seguii per un anno intero tutte le repliche di *Hommelette for Hamlet*, per via di questo monologo:

Oh,
perdóno, perdóno, non l'ho fatto apposta!
Ordinami qualsiasi espiazione! Ma sono cosí
buono,
ho un cuore
d'oro, io
e non ce n'è
piú come il mio.
Tu mi
capisci, non è vero?
Non
chiedo nulla a nessuno, io. Sono senza un amico.
Non ho un amico che sappia raccontare la mia
storia,
un amico che
mi preceda dappertutto
per evitarmi quelle spiegazioni che m'ammazzano.
Non ho una che sappia
gustarmi.
Ah, sí
un'infermiera!
Un'infermiera per amor dell'arte,

che conceda i suoi baci solamente ai
moribondi,
a gente in
estremis,
e che perciò
non possa vantarsene. Macché!
Una volta a casa, uomini e donne a coppie
ammireranno i miei scrupoli
sull'esistenza,
ma non
li imiteranno nemmeno per sogno,
e non se ne vergogneranno affatto a
quattr'occhi,
da uomo
amato a donna amata, in famiglia!
Piú tardi mi s'accuserà d'aver fatto
scuola.
Come sono
solo!
E quest'epoca
non c'entra nemmeno un po'.
Ed io non voglio piú essere io!
Non piú l'esteta gelido, il sofista,
ma vivere nel tuo borgo natio,
ma vivere alla piccola conquista mercanteggiando placido,
in oblio come tuo padre, come il farmacista...
Ed io non voglio piú essere io!
Non posso
vedere le lacrime delle ragazze! Sí,
perché far piangere una ragazza è piú irreparabile che
sposarla!
Perché le
lacrime son tutta infanzia.
Perché le lacrime versate manifestano
semplicemente una pena cosí
profonda,
che tutti
gli anni d'incallimento sociale
e ragionevolezza scoppiano e

affogano
in quella
fonte riaperta dell'infanzia
della creatura primitiva, incapace di male.
Si fa tardi. A domani i baci e le
teorie.

Bisogna ascoltarlo recitato da Carmelo Bene. Si trova su YouTube.

Io lo sentii un'ultima volta al Teatro Romano di Verona, nel 1994, insieme al mio primo marito Nicola.

Quella volta «*Come sono solo!*» Carmelo Bene lo urlò.

Ogni tanto mi ripeto quell'urlo nella mente, e rivedo lui roteare gli occhi scuri.

Mi ricorda mia madre: aveva i suoi stessi colori, la stessa forma del viso e una simile intensità.

Caligola, l'imperatore pazzo di Camus, distruggendo tutto distruggerà sé stesso.

Mona, la protagonista di *Senza tetto né legge* di Agnès Varda, a forza di dire no a tutti morirà.

Peredònov alla fine del *Demone meschino* impazzisce e diventa un assassino, come il marinaio Querelle di Genet/ Fassbinder.

Meglio bruciare in fretta che spegnersi lentamente, che suonava cosí bene nel 1980, è proprio una sciocchezza.

Morire per paura della morte: alla fine il nichilismo è questo. Una stupidaggine.

Agnès Varda in *Varda par Agnès*, meraviglioso racconto sul suo cinema presentato al Festival di Berlino nel 2019, poche settimane prima di morire a novanta gloriosi anni, diceva che il lavoro creativo è fatto di *Ispirazione, Creazione e Condivisione*. Che c'è un momento in cui si sente, l'ispirazione, uno in cui si crea, il lavoro, e uno in cui si condivide con gli altri. Senza anche uno solo di questi tre momenti l'arte non esiste.

Lei diceva sempre cose semplici e profonde, con una forza quieta e precisa, curiosa del mondo. Diceva anche che preferiva raccontare gli altri anziché sé stessa. I suoi documentari e le installazioni visive degli ultimi anni sono belli come il suo cinema.

Mi sono chiesta quanto abbia sofferto scoprendo che suo marito Jacques Demy, il regista di *Les Parapluies de Cherbourg*, era malato di Aids. Sono stati insieme per trent'anni, lui aveva adottato la sua prima figlia Rosalie e dopo hanno avuto Mathieu. Mentre Demy era malato, Agnès Varda girò tre film su di lui. Forse – oltre alla necessità della testimonianza e del ricordo di chi sta per andarsene – fu il suo modo di elaborare il dolore.

Forse, senza la mia malinconia, come senza l'ansia di mia madre e la mia, nemmeno io sarei stata io.

È la parola depressione che fa paura. Se la chiamiamo in un altro modo turba di meno.

Scoprire di essere ansiosi non spaventa come scoprire di essere depressi e di essere predisposti a stati depressivi. La depressione intimorisce e allontana gli altri.

«Alla larga dai depressi», pensiamo tutti.

A una cena, ero separata da poco, conobbi un uomo fascinoso e gentile, professore universitario, e uscimmo un paio di volte. Sapeva tutto sulla poesia e la musica francese ed era molto attraente, ma parlava in un curioso modo sovraeccitato. Al terzo incontro mi confidò di prendere psicofarmaci da molti anni per le sue gravi depressioni. Non lo cercai piú e lasciai cadere i suoi inviti.

Penso agli alcolisti e ai tossici che, sobri da tempo, dicono: «Sono un alcolista. Non bevo da quattro anni».

È cosí anche per i depressi?

Se sei stato depresso una volta lo rimani per sempre?

Ma bere, o drogarsi, presuppone un gesto. Una scelta. Essere depressi no.

Axel Kahn è un oncologo di settantasei anni molto noto in Francia, dove era anche presidente della Lega contro il cancro.

Il 26 maggio 2021 ha annunciato sui social di essersi ammalato e di avere poche settimane di vita: «Morirò presto, qualsiasi terapia curativa è ormai impossibile. Si può solo ridurre il dolore. Ma sono come speravo: totalmente sereno... Non provo alcuna ansia né speranza – continuo a escludere l'ipotesi di un buon Dio – né angoscia».

Non è la sua serenità a colpirmi, e neppure le immagini in cui appare con uno sguardo azzurro e quasi divertito tra fiori e paesaggi, ma un post su Twitter, accompagnato da una fotografia dove è allo stadio con suo figlio e stringe un pallone da rugby, in cui scrive: «Esiste solo la cultura della vita. La cultura della morte non è che una patologia depressiva. Ci si prepara alla vita, non c'è alcun bisogno di preparare la morte. Questo vale se si devono vivere 50 anni, 50 settimane o 50 ore».

«Cazzo», penso (e ventiquattro, direbbe Grazia Cherchi). Se la «cultura della morte» è solo una patologia depressiva vuol dire che quel rapporto intimo con la sofferenza, quel culto che ho a lungo coltivato per certi scrittori, certi film, certi poeti, aveva soltanto a che fare con la chimica del mio cervello?

Che se fossi nata con piú o meno serotonina o dopamina o estrogeni o non so che diavolo, non avrei letto o guardato tante opere con la stessa emozione?

Mi secca pensarlo.

Non vado piú in via Barbavara a scrivere, ma solo di rado, al tramonto, a bere un aperitivo sul terrazzo.

Non mi serviva uno studio: affittarlo è stata una sciocchezza. Scrivo meglio a casa.

A dirla tutta sto scrivendo poco perché ho avuto una ricaduta: dopo qualche mese di bonaccia, è tornata la tristezza.

Che sia stata chiamata da quel che sto scrivendo? Da Nietzsche, da Sologub, da Djuna Barnes, da Fassbinder, da Carmelo Bene e dal coro di fantasmi che ho evocato? Dal ricordo dei miei amici morti, dei miei pomeriggi perduti, di tutte le scelte fatte per mancanza di lucidità?

La tristezza non dura tanto: un giorno, o un pomeriggio. Ma c'è. Forse ora la sento perché la riconosco?

E quando c'è mi sembra che sia stato sempre cosí e che sarà cosí per sempre.

Se hai l'umore oscillante, come ce l'ho io, è inutile illudersi di guarire.

Non si può guarire dalla malinconia: la si può solo riconoscere.

È tornata per quello che sto scrivendo o non è mai andata via?

Sta lí acquattata, come un'allergia che torna coi pollini, come un herpes che ricompare con lo stress, pronta a impossessarsi di me?

Nei momenti peggiori mi sembra di aver sbagliato tutto e di stare pagando per gli errori fatti. Mi riconosco solo il merito di aver voluto dei figli: loro sono stati una scelta felice. Ma tutto il resto, o quasi, mi sembra di averlo sbagliato. Mi concedo qualche attenuante: l'ansia di mia madre è la maggiore, ma non basta.

Sospetto di aver fatto ogni errore per ansia o per tristezza, mai per inesperienza o per caso, ed è tremendo.

Fa paura pensare di non potersi fidare di sé stessi, dei propri desideri e pensieri, delle proprie decisioni: come se fossero viziati e compromessi. Fa sentire insicuri, indecisi, soli, perduti.

«*Ed io non voglio piú essere io!*» urla Carmelo Bene / Amleto.

> Potessi un giorno
> camminar da solo
> ma solo solo
> non come vado adesso
> solo
> ma solo solo
> senza me stesso

scrive Antonio Delfini, Baudelaire padano.

Il senso di fallimento e i pensieri negativi passano facendo qualcosa, qualunque cosa: scrivendo la rubrica che devo consegnare, pagando una bolletta online, mettendo in ordine la libreria.

La libreria. Il posto dove tutto è cominciato mi aiuterà a capire e a maneggiare la malinconia.

Guardo i tre libri che ho accusato di avermi rovinato la vita. Sono qui accanto a me, sulla scrivania, mentre scrivo. Da dove venite *fisicamente*?

Il demone meschino di Sologub lo trovai nella libreria

laccata di bianco di mia sorella. Forse era di mia madre, che aveva studiato letteratura russa a Venezia?

Anche *La foresta della notte* di Djuna Barnes mi sembrava venisse da quella libreria bianca. Pensavo di averlo portato a Milano nel 2008, quando morí la mamma, ma è un tascabile Bompiani dell'87, quando ero già a Milano da quattro anni. Ho comprato su eBay la prima edizione Adelphi con in copertina Djuna Barnes (che non fuma) e la prima edizione italiana del 1968, Bompiani, quando ancora si intitolava *Bosco di notte* e aveva una bellissima copertina grafica. Il mistero persiste: l'edizione che ho qui con me non posso averla letta prima dei ventisei anni. Ho accusato Djuna Barnes ingiustamente.

Invece *Cosí parlo Zarathustra* di Nietzsche, Piccola Biblioteca Adelphi giallo banana, l'ho comprato a diciotto anni in una libreria di Ferrara che non esiste piú.

Si chiamava Spazio Libri e ricordo distintamente in che angolo di corridoio tenevano i volumi di filosofia, perché negli ultimi anni di liceo ci ho passato parecchio tempo, rubando anche un inutile *Il giuoco delle perle di vetro* di Hermann Hesse, uno degli autori che non mi sono rimasti nonostante allora, come tutti i miei coetanei, abbia letto avidamente *Il lupo della steppa* e *Siddharta*.

Il demone meschino, *La foresta della notte* e *Cosí parlò Zarathustra* sono qui con me, vecchi e ingialliti, mentre Celestino è sparito, ma non dalla memoria, dove resta indelebile, luminoso, eternamente bambino.

Luglio

Prima ho visto il cane.

Un cane di taglia media, chiaro, col pelo tagliato corto tranne che per un grande ciuffo in fondo alla coda. Un cane irresistibile, un peluche di lupo col muso di volpe che sembrava uscito da una favola di animali selvatici addomesticati.

Poi ho visto il padrone: un trentenne biondo, arruffato, con una di quelle magliette viola scolorite che portano solo gli stranieri. Intingeva nel latte una brioche, seduto al tavolino dietro al mio, al bar della spiaggia.

La mattina presto, a luglio, da molti anni vengo a scrivere qui, dalle otto a mezzogiorno. Quando comincia ad arrivare gente me ne vado. Ho tanta familiarità con questo orizzonte di mare azzurro e rocce rosse che non mi distrae come la vista dal terrazzo di via Barbavara.

Sono arrivata in Gallura da dodici giorni. Ho fatto un lungo fine settimana di vacanza e poi ho ripreso a scrivere regolarmente, venendo in questo bar con qualunque tempo, anche oggi che il mare è in burrasca.

Una delle tante cose che mi piacciono della Gallura è che il cielo e il mare cambiano spesso, come il mio umore: un giorno soffia il maestrale e ci sono onde altissime e nuvole, due giorni dopo il mare è piatto, cristallino, il cielo laccato di azzurro.

Ho chiesto al ragazzo il nome del cane. Mi ha risposto
– con un forte accento tedesco – che si chiama Moka, che
l'ha trovata qui in Sardegna, dove abita da molto tempo, in uno stazzu isolato, in campagna. Ha definito Moka «una lupa di mare» che vive con lui e la sua ragazza
«un po' in campagna e un po' in barca» e li accompagna
a surfare restando a guardarli solcare le onde dalla spiaggia. Mi ha detto di essere di Münster, vicino a Colonia, e
di chiamarsi Alex.

Poi ha indicato il mio MacBook e ha domandato cosa
stessi scrivendo: «Ho letto le parole "smettere di fumare". Sei un medico?»

Gli ho raccontato cosa scrivevo nel modo piú since-
ro e sintetico possibile, come si fa con gli sconosciuti in
treno (Patricia Highsmith, anche di te dovremmo parlare! Almeno del *Talento di Mr Ripley*!), ma non era cosí
facile, allora gli ho recitato il titolo: *Libri che mi hanno
rovinato la vita*.

«Ma che te l'hanno anche salvata!» ha commentato
subito.

Ha detto: «A me la sta rovinando un libro che si chiama
Giorni selvaggi, un libro sul surf che mi sta facendo venire voglia di partire e andare a surfare su un'isola deserta
in Australia».

E io: «Sto scrivendo proprio di questo. Dei rischi del
misticismo della solitudine e della ricerca di assoluto».

E lui: «Sí, come per Alexander Supertramp! Il bello è stato il viaggio, ma poi quando è arrivato in Alaska è morto».

Allora io, tra l'esaltato e l'incredulo: «Ho citato anche
il film tratto dalla sua storia, *Into the Wild*!»

Non potremmo essere piú diversi, Alex e io, ma ci siamo intesi al volo.

Quando se ne è andato ho cercato in rete Münster: è un'antica città universitaria, piena di biciclette, come Ferrara.

E sono andata a rileggere la storia di Alexander Supertramp, pseudonimo di Chris McCandless, il ragazzo americano che dopo la laurea regalò i suoi soldi e decise di attraversare l'Ovest da solo con una Datsun gialla, poi la lasciò con tutte le sue cose nel deserto del Mojave e arrivò in autostop in Alaska, e dopo mesi di girovagare solitario morí in un bosco del parco nazionale del Denali – dove si era perduto, dentro un autobus abbandonato che aveva ribattezzato Magic Bus – di fame o avvelenato da qualche pianta.

Scopro che Chris McCandless, Alexander Supertramp, era nato il 12 febbraio 1968, sette anni dopo di me ed esattamente centosette dopo Lou Salomé.

«Io ci sono già stata – metaforicamente – a surfare da sola in Australia, ma ho capito che da soli non si cresce», ho detto all'Alex tedesco, mentre ci stavamo salutando.

E lui: «Lo so: due settimane fa ero in Sicilia – ho fatto un pezzo del viaggio di Ulisse con la mia barchetta a vela – c'erano posti bellissimi, ma senza la mia ragazza, che sta lavorando alle Baleari, non avevo neanche voglia di esplorarli».

Abbiamo parlato dieci, forse quindici minuti, Alex e io.

Ci siamo detti tutto quel che conta.

Ogni volta che rileggendo quello che ho scritto cancello qualcosa, penso a Marina Abramović.

Ho letto nella sua biografia *Attraversare i muri* che teneva seminari di tre mesi in cui sistemava i partecipanti intorno a un tavolo con sopra mille fogli bianchi e sotto un cestino – che non veniva mai svuotato – chiedendogli di scrivere ogni giorno le loro idee.

Alla fine dei tre mesi prendeva solo le idee finite nel cestino: «La miniera delle cose che hanno paura di fare».

Che quello di cui abbiamo paura conti parecchio lo sapevo da Rilke («Le nostre paure sono draghi a guardia dei nostri tesori piú nascosti») ma ora mi sto chiedendo quanto conti quello di cui ci vergogniamo.

Io mi vergogno di essere sentimentale, lunatica e malinconica. Cerco di mostrarmi brillante, razionale e allegra e in realtà quando sto bene un po' lo sono. Quindi mi vergogno di come sono quando sono giú.

Ora mi vergogno delle ultime quattro righe che ho scritto, ma non le cancellerò: in tuo onore, Marina, regina delle donne impossibili.

Dopo aver finito con grandissimo gusto e qualche perplessità *Attraversare i muri* mi sono chiesta come sia davvero Marina Abramović – leggendo delle sue performance estreme, del suo intuito immobiliare, dei suoi uomini opportunisti, uno se lo domanda, se ci è o ci fa – e l'ho chiesto a un'amica che mi pareva l'avesse intervistata.

«Mi aveva stupito quanto fosse simpatica e ironica, per niente seriosa come si penserebbe dalla sua arte. Una che sta nel mondo vero», mi ha risposto Simona Siri.

Una risposta che mi ha fatto piacere come se si parlasse di me.

Vorrei che dicessero di me, quando sarò morta, che nella vita ero simpatica e ironica e non seriosa come nei miei libri. Sono seriosa nei libri? Forse un po'. Sicuramente lo sono sui social, non mi vengono quasi mai le battute spiritose, mentre vado forte col pathos.

Una scena che al cinema mi ha straziato è quando Ermanno Olmi nel *Mestiere delle armi* fa dire a Giovanni delle Bande Nere prima che muoia: «Vogliatemi bene quando sarò morto».

Ecco, vogliatene anche a me, anche se non so fare le battute su Twitter.

Se io non so fare le battute su Twitter, Byung-Chul Han, star della filosofia contemporanea, sta messo peggio di me.

Han è un filosofo coreano che vive e insegna da trent'anni in Germania. Ha due anni piú di me ed è un uomo molto bello. Ho scoperto solo dopo aver letto appassionatamente *La società senza dolore* che l'autore era cosí bello – sembra un apache col chiodo di pelle nera – e ammetto che la sua immagine mi ha condizionato, in negativo.

Quando ero adolescente – vedi Djuna Barnes, che ho addirittura prefigurato, o Lou Salomé – l'immagine dell'autore poteva aumentare il fascino che le sue opere irradiavano su di me, ora invece genera diffidenza e pregiudizio.

Cosa temo? La vanità? L'inautenticità? Perché un bravo filosofo non dovrebbe essere anche bello?

Forse la sua immagine mi disturberebbe di meno se Han non indossasse il giubbotto di pelle e la sciarpina nera?

Lo ammetto: lo avrei preferito piú grigio. Cosí bello mi agita. È chiaramente un problema mio.

Da giovane non avrei avuto nessun pregiudizio.

Non ho ancora citato Abbie Hoffman?

È arrivato il suo momento: «Eravamo giovani, eravamo avventati, arroganti, stupidi, testardi. E avevamo ragione!»

Quando si è giovani si è piú coraggiosi e si hanno pochi pregiudizi.

Magari si sbaglia di piú, ma cosa importa?

In *La società senza dolore* Han critica la nostra società, che «cerca di sbarazzarsi di tutto ciò che è negativo». Se la prende col «dispositivo neoliberista della felicità che fa sí che ognuno si tenga occupato solo con sé stesso invece di indagare criticamente le questioni sociali». Denuncia il fatto che la sofferenza, della quale è responsabile la società, venga privatizzata e psicologizzata. «Cosí, la psicologia positiva sigilla *la fine della rivoluzione*. A salire sul palco non sono i rivoluzionari, bensí i trainer motivazionali che impediscono il diffondersi del malumore o anche della rabbia».

Come non dargli ragione?

E allora perché non riesco a non pensare al dolore come a una sorta di vizio? Come a qualcosa in cui è infantile indulgere e da cui è obbligatorio affrancarsi, quando se ne hanno le possibilità?

Forse proprio perché ricordo cosí bene che effetto hanno avuto sulla me ragazza la profonda eternità del dolore di Nietzsche, «il bisogno di lasciar diventare eloquente il dolore condizione di ogni verità» di Adorno, l'economia del dolore di Jünger.

Bisogna essere adulti, per saper affrontare il dolore. Ma se senza dolore non si cresce, come si fa?

Ha ragione Han a scrivere che se la sofferenza viene interpretata come il risultato del proprio fallimento *invece della rivoluzione c'è la depressione*.

Ma in tema di rivoluzione mi sento piú in sintonia con un altro modo di parlarne, il modo emiliano e poetico di Massimo Zamboni, ex CCCP - Fedeli alla Linea oggi bravissimo scrittore, quando dice:

> Certo che trionferà. E se non saremo noi a vederla trionfare, e se non sarà nei tempi a venire o non sarà da noi e avrà altri nomi forse, altri modi, chissà dove, duecento, trecento, mille anni, vedrete: la trionferà.

E noi cosa facciamo in attesa che la trionfi?

Lo dici a me, Byung-Chul Han, di non espellere il dolore? A me che ci ho sguazzato per quarant'anni? Ora basta, però. E dire che avevo già capito tutto a diciotto anni, in quell'anno glorioso di collettivi, occupazioni e bicicletta, prima che mio padre si ammalasse.

Avevo incorniciato nella mia cameretta di Ferrara il manifesto futurista di Aldo Palazzeschi intitolato *Il controdolore*, citato anche da Han:

> Maggior quantità di riso un uomo riuscirà a scoprire dentro il dolore, più egli sarà un uomo profondo. Non si può intimamente ridere se non dopo aver fatto un lavoro di scavo nel dolore umano.

Han dice che il dolore è un vincolo e che «chi rifiuta qualunque circostanza dolorosa è incapace di vincolarsi». E qui vedo annuire gravemente tutte le fidanzate infelici.

Dice che il mondo di oggi rifugge il dolore in ogni modo e così resta infantile ed egocentrico, perché il dolore determina e purifica. Qui le fidanzate infelici sospirano.

Dice tante cose che condivido e altre che mi irritano. Se almeno non si mettesse il chiodo di pelle nera! Bisogna poterselo permettere, il chiodo. Massimo Zamboni può. Byung-Chul Han no.

Ho capito quel che mi turba nella bellezza di Byung-Chul Han, che non conosco e sul quale forse proietto cose mie: il sospetto che il dolore possa essere un vizio che hanno il diritto di concedersi solo i privilegiati. Oppure, la ribalto: che i privilegiati, ovvero noi bianchi occidentali benestanti, abbiamo il dovere di farlo il piú in fretta possibile, quel giro che va dal dolore al controdolore, di rimboccarci le maniche e lavorare per chi non è privilegiato come noi.

Provo a chiedere un parere definitivo su Han a Lilli, che sa tutto.

Risponde che lei il filosofo Han lo trova un po' sopravvalutato e troppo di moda, e che sul dolore tutto quello che importa lo ha scritto un vero artista, Marcel Proust:

> I dispiaceri sono servitori oscuri, detestati, contro cui si lotta, sotto il cui dominio si cade ogni giorno di piú, servitori atroci, insostituibili, e che, per vie sotterranee, ci conducono alla verità e alla morte.

E conclude: «La verità! Non ti basta, Daria?»

Agosto

Dove è finita la malinconia che mi aveva assalito in via Barbavara?

Già dai primi giorni di luce marina si è dissolta.

Sabato ho presentato *Oggi faccio azzurro* alla foce del fiume Coghinas, che segna il confine tra Gallura e Anglona, dove ho ambientato una scena dell'*Acustica perfetta*, l'unico tra i miei romanzi che ha una voce narrante maschile.

La foce del Coghinas è un posto suggestivo, tra fiume e mare: il punto dove il golfo dell'Asinara è piú esposto al maestrale.

Alle spalle avevo il tramonto, davanti a me una platea curiosa e distanziata coi capelli scompigliati dal vento. Sono le prime riunioni all'aperto, caute e speranzose, e l'atmosfera è allegra e benevola.

Oggi faccio azzurro parla tra le altre cose di due artisti: Gabriele Münter e Vasilij Kandinskij, e del loro burrascoso amore finito malamente, soprattutto per Gabriele che fu lasciata senza spiegazioni dopo quattordici anni di convivenza e appassionato confronto artistico. Un po' come succede a Galla, la protagonista di *Oggi faccio azzurro*, improvvisamente abbandonata dal marito dopo vent'anni di amore e lavoro in comune.

Racconto alla platea, prendendomi in giro, di avere scritto il primo romanzo, o almeno quello che allora io ritenevo lo fosse, a sette anni, e che anche quello parlava del dolore di un abbandono.

Si intitolava *Illusioni perdute* e non credo che a sette anni avessi già letto Balzac.

Lo avevo scritto su uno smilzo taccuino con la copertina in similpelle verde. Le pagine erano lisce, senza righe, di carta un po' grigia: un oggetto di poco conto.

Quello che io reputavo un romanzo era lungo otto pagine, scritte a mano con la mia rozza grafia di bambina, non troppo diversa da quella di adesso.

Del mio *Illusioni perdute* ricordo solo l'inizio: un ragazzo di nome Roberto, al bar *Roma* di Londra, sta per incontrare la sua ragazza, che lo lascerà. «Cosa avevo nella testa a sette anni, per scegliere quel titolo? – rido insieme al pubblico. – E perché cinquant'anni dopo sono ancora qui a parlare di abbandono? E quella frase di Pearl S. Buck sottolineata a undici anni e ora messa in bocca a Gabriele Münter, "Terribile cosa l'amore se la sua vena non si effonde pura e libera da cuore a cuore"? Ma perché? – mi sfotto. – L'amore è proprio un enigma!»

Tra il pubblico riconosco il volto di una persona che non vedevo da anni.

È quello di Mimí, l'insegnante di Emilia al primo anno di scuola materna. Impossibile dimenticarla: ha gli occhi verdi che ridono, ride tutta, le ridono anche i capelli, tinti di un rosso acceso. Mimí in classe suonava la chitarra e faceva fare ai bambini disegni bellissimi che ho conservato.

La saluto con calore e dopo la presentazione ci fermiamo a chiacchierare, le firmo il libro e ci scambiamo i numeri di telefono.

Dopo qualche giorno arriva un messaggio:

L'ho letto tutto d'un fiato! Volevo dirti che le sfaccettature poliedriche dell'anima o le governi o ti annebbiano il cammino, ma se le tratti bene un giorno, quando meno te lo aspetti, la loro gratitudine ti solleva dai pesi della vita in una giostra di colori!

Accipicchia, che commento. Già le ero riconoscente per essere stata una insegnante meravigliosa per mia figlia, ora le sono grata per la meravigliosa lettrice che è. La invito a pranzo per la settimana seguente e accetta subito. Arriva vestita colorata in un baluginare di iridi verdi e capelli rossi sorridenti.

E come capita tra persone che si piacciono, dopo due minuti ci stiamo raccontando la nostra vita, tra occhi lucidi e risate.

I dolori non hanno risparmiato Mimí. Le dico che ha saputo trasformarli nel bellissimo lavoro che fa con i bambini.

Mentre parliamo dell'importanza degli educatori, improvvisamente, ho un'epifania psicoanalitica.

Sono in seconda elementare. Mia sorella, di undici anni piú grande di me, soffre perché si è lasciata col fidanzato, che ora è suo marito da cinquant'anni. La nostra ansiosissima madre, incapace di reggere la sofferenza altrui, invece di sdrammatizzare e proteggerla, drammatizza e si tormenta al punto che io racconto alla maestra della nostra tragedia familiare: mia sorella di diciotto anni sta male, mia madre sta male e io sto male.

La maestra convoca la mamma, sua collega.

Quando lei torna a casa mi sgrida perché «i fatti privati della famiglia non si raccontano a scuola». Io mi sento malissimo. Mi restano addosso la vergogna e il senso di colpa per aver fatto qualcosa di inopportuno, aver parlato del dolore, ma anche il terrore dell'abbandono amoroso. Se fa soffrire cosí tanto mia madre e mia sorella, deve essere una cosa tremenda, insopportabile, da evitare in ogni modo.

Scrivo il mio *Illusioni perdute*.

Quattro anni dopo sottolineo la frase di Pearl S. Buck e me la tatuo nel cuore.

Mentre pranzo con Mimí, soffia un gradevole maestralino e gli tziri-guru zampettano tra le pietre del muretto a secco, ed è allora che capisco: avevo scoperto – troppo presto – come fosse ridicolo pensare che l'amore potesse rispondere all'amore, e avevo passato la maggior parte della vita a tentare di sfuggire alla mannaia.

Quando la mannaia mi ha raggiunta naturalmente mi ha fatta a pezzi.

Se avessi sofferto per amore a sedici anni, invece di fidanzarmi con quel bravo Roberto e poi con una serie di bravi Roberti sempre piú innamorati di me di quanto io lo fossi di loro, non mi sarei lasciata spezzare il cuore a cinquant'anni, quando non avevo piú davanti a me quello sconfinato futuro che lenisce i dolori della giovinezza.

Eppure Pearl S. Buck mi aveva avvertita.

Credo sia capitato a tutti di essere cosí contenti da pensare: «Speriamo di non morire proprio adesso».

A me è successo qualche volta, ed era sempre un pensiero collegato a qualcosa cui stavo lavorando che mi entusiasmava tanto che speravo di essere ancora viva per assistere alla sua nascita.

È successo mentre aspettavo i figli e quasi sempre – a un certo punto – mentre scrivevo i libri.

L'ho provato col primo dei programmi televisivi di cui sono stata autrice: *Tempi moderni*, nel 1998. E forse durante la prima stagione delle *Invasioni barbariche*, nel 2005.

Quando nel 2008 stavo per consegnare a Mondadori il primo libro, *Non vi lascerò orfani*, era agosto come adesso, ed ero in Gallura, dove sono ora, a trenta metri da dove sto scrivendo in questo momento.

Da ventidue anni ogni estate affitto la casa di fronte, ma quest'anno era occupata. Mi ricordo anche dov'ero: in soggiorno, tre MacBook Air fa.

Stavo per tornare a Milano in aereo, da sola, forse per lavoro, so che marito e figli sarebbero rientrati col traghetto ma io dovevo partire prima di loro. E che avevo pensato: «Speriamo di non morire proprio adesso che deve uscire questo libro. E se cadesse l'aereo? Devo assolutamente sopravvivere fino a quando *Non vi lascerò orfani* uscirà».

Non ho pensato: «Se muoio lascio orfani i miei figli», per l'appunto. Ho proprio riflettuto: «Questo libro lo sto scrivendo da tutta la vita e non posso morire adesso».

Allora ho fatto un piano per contenere i danni nel caso fosse caduto l'aereo o avessi avuto un incidente sulla Trinità d'Agultu - Fertilia: ho pensato a chi fosse la persona piú affidabile che conoscevo, ed era mia suocera Alessandra.

Le ho telefonato e le ho detto che le mandavo la stesura definitiva del libro chiedendole se per favore – nel caso avessi avuto un incidente – potesse consegnarlo lei all'editore e curarlo fino all'uscita.

Non so perché non lo abbia spedito direttamente al mio editor Antonio Franchini: forse perché era Ferragosto come adesso, Ferragosto di tredici anni fa, e non volevo disturbarlo a Ferragosto.

Mia suocera, al contrario di mia madre, che si sarebbe messa a urlare – ma allora il problema non si poneva perché lei era morta e il libro parlava proprio di quanto drammatizzasse ogni cosa – è una persona non solo affidabile

ma molto misurata. Disse: «Va bene», limitandosi a ri-
dacchiare.

Il bello è che in tutta questa macchinazione, che sembra una cosa da matti, avevo ragione io.

Non sul cadere dell'aereo, ma sul fatto che quel libro
sarebbe stato importante per me.

Era da quando ero piccola che volevo fare la romanziera, ma la vita mi aveva portata prima a fare la giornalista e poi l'autrice, e persino la conduttrice, televisiva: cosa che ai miei occhi provinciali e insicuri rendeva inconcepibile il pubblicare libri, perché temevo di «fare la figura di quella che pubblica perché va in tv».

Invece *Non vi lascerò orfani* fece accadere il miracolo: piacque non solo ai lettori, ma persino ai critici, nonostante la lettera scarlatta della tv.

Goffredo Fofi, il critico piú severo, antico amico e sodale della mia Grazia Cherchi (ma lui non sapeva che l'avessi conosciuta), scrisse una bella recensione su «Internazionale».

Avevo ragione a non voler morire: a quarantasette anni ero riuscita a pubblicare il libro che scrivevo a mente da quando ne avevo cinque, ed era piaciuto persino a Goffredo Fofi.

Stamattina ho provato la stessa sensazione di «non posso morire proprio adesso» rispetto a questo momento della mia vita e alla mia vita d'ora in poi.

Non so perché improvvisamente sono così eccitata. Che sia successo quello che il messaggio di Mimí aveva prefigurato?

Che sia «la gratitudine delle sfaccettature dell'anima che se le tratti bene un giorno ti ricompensano»?

O – molto piú probabile – una fase euforica che segue e precede una fase malinconica?

Io non so se le ho trattate bene, le mie sfaccettature, anzi, non credo.

Di sicuro, in qualche modo le ho governate, anche perché non avevo alternative.

> Gracias a la vida que me ha dado tanto,
> me ha dado la risa y me ha dado el llanto.
> Así yo distingo dicha de quebranto
> los dos materiales que forman mi canto.
> Y el canto de ustedes que es el mismo canto.
> Y el canto de todos que es mi propio canto

canta Mercedes Sosa.

Però quelli che stanno sempre bene, e ci sono – sarà chimica, Dna, intelligenza, fortuna – non riesco a non invidiarli. Si sta così bene quando si sta bene.

È cosí bello vivere. Lo dice persino Grazia Cherchi: «Che cosa furiosamente grande è la vita!» non risparmiandosi nemmeno il punto esclamativo, lei che era nota per voler togliere dal testo tutto quel che non era essenziale, da cui la nota poesia di Stefano Benni:

Grazia mi ha scritto:
Bravo Stefano
finalmente hai mandato
un vero romanzo
asciutto e stringato.
Grazia, da mesi di dirtelo tento,
era la lettera di accompagnamento.

Persino Grazia, tanto evidentemente malinconica e delusa quanto attenta alle parole e alla punteggiatura, non si era negata un punto esclamativo e il magnifico avverbio *furiosamente*, per dire quanto la vita sia gagliarda, quando si è in grado di apprezzarla.

Una delle mie citazioni preferite è di Tolstoj: «Chi è felice ha ragione».

Alla quale si può solo aggiungere, sempre con Grazia Cherchi, un'avvertenza: «Attenzione a fingere di essere felici» («l'Unità», 1 agosto 1994).

Chi sta sempre bene non sarà in comunione col dolore del mondo, né troppo sensibile ed empatico, ma vuoi mettere come vive piacevolmente?

A noialtri che abbiamo qualche scompenso chimico o psicologico o sociale, o un po' di tutto questo, tocca invece impegnarci parecchio per stare bene, o almeno discretamente. A volte serve una vita intera.

Settembre

Il buonumore continua. Cosa vuole da me? Avrà sbagliato indirizzo?

Come Wallace Stegner in *Verso un sicuro approdo* ho sempre pensato che «Buona sorte, contentezza, pace e felicità non hanno mai saputo ingannarmi a lungo. Mi aspettavo il peggio, e non mi sbagliavo».

Non posso piú negare che questa allegria da naufraga c'entri con questo viaggio-libro che sto finendo senza che abbia scritto di tante delle opere che avevo radunato sul tavolo della sala da pranzo nella mia corsa sciamanica tra le librerie di casa. Erano libri che non mi avevano fatto soffrire abbastanza?

O forse li avevo letti quando non potevano piú radicarsi profondamente come *Il demone meschino*, *La foresta della notte* e *Cosí parlò Zarathustra*.

Da quando ho raccontato di quelle tre canaglie mi sento meglio.

Se dovessi dire ora, senza riflettere, quali sono rimasti indelebili tra i libri che ho letto negli ultimi cinque anni, i primi titoli che mi vengono in mente sono *Vergogna* di Coetzee, *L'assassinio del Commendatore* di Murakami Haruki, *La guerra non ha un volto di donna* di Svetlana Aleksievič, *La parete* della dimenticata – ma non da me – Marlen Haushofer e *La quarta parete* di Sorj Chalandon.

Assassinio, vergogna, guerra, ben due pareti: certo non sono titoli e libri lievi. Ma ormai ho capito che i libri – a parte i classici che se ne stanno immoti e gloriosi là sulle vette e da qualunque parte li guardi e in qualunque periodo li leggi mostrano sempre la loro immortale grandezza – ci toccano piú o meno profondamente a seconda delle congiunzioni di pianeti nel nostro firmamento psichico del momento in cui li leggiamo.

Col mio recente buonumore – oltre al viaggio spericolato sullo Stige dei miei anni struggenti – credo c'entrino l'estate, la luce, il riposo, l'aver trascorso settimane tranquille a scrivere, coi figli vicini, senza seccature.

Ho capito quanto sono fortunata, e mi sono sentita felice.

Sensazione che mi ha fatto subito pensare: «Ecco, questa è la volta che muoio davvero. Sono troppo contenta. Cosa può andare storto? Mi tornerà il cancro, mi verrà qualche altra malattia, andrò sotto una macchina, succederà qualcosa».

Di solito la penso come Axel Kahn, lo scienziato francese che due mesi fa se ne è andato sereno e contento della sua vita.

Mi dico che se dovessi morire presto, pazienza, l'ho già scampata parecchie volte, mi sono divertita, ho amato, sono stata amata, ho visto il cratere del Ngorongoro in Tanzania e i fenicotteri nelle valli di Comacchio, ho scritto sette libri, otto con questo, ho due figli intelligenti col senso dell'umorismo e bravi padri. «Piú di cosí non potevo fare, – penso. – Non mi sono mai tirata indietro: se ho dei rimpianti non sono per quel che non ho fatto, casomai per quel che potevo evitare di fare. Ma ormai l'ho fatto».

L'unica cosa che mi spaventa, in caso di malattia, è provare dolore fisico, ma conto sulla morfina, tanto a quel punto l'assuefazione è l'ultimo dei problemi.

Dopo, vorrei stare alla Certosa di Ferrara, dove c'è anche il poeta Corrado Govoni, nostro parente, mi piacciono quei versi per il figlio Aladino trucidato alle Fosse Ardeatine che hanno messo sulla lapide:

Quante croci ho portato in vita mia:
croci d'amore, croci di poesia.
Tante ne vidi, e tante ne portai
che persino le braccia in fiore al mandorlo
vidi alzar disperatamente in croce.
Ma la croce piú perfida e amara
è quella che ora porto nel mio sangue.

Inchiodata con chiodi incandescenti:
la croce della povera tua bara.

È un po' forte con quella rima tra *amara* e *bara*, per non parlare delle *croci d'amore, croci di poesia*. Non ho detto di metterla sulla mia, di lapide, ho detto solo che mi piace, e che solitamente non ho un cattivo rapporto con l'idea della morte.

Ma in questo periodo, chissà perché, sono cosí illogicamente allegra che mi seccherebbe morire.

Mi sembra di aver capito tutto: perché sono triste quando sono triste (la risposta è che sono stanca, come i neonati che piangono se hanno fame o sonno), perché sono allegra quando sono allegra (mi sento in sintonia con l'universo o contenta di qualcosa che sto facendo) e soprattutto ho capito che dopo il buio torna la luce.

È banale, ma bisogna scoprirlo da soli, non basta sentirlo dire, neanche se te lo dicono Shakespeare o Platone. Si deve attivare quel passaggio tra cervello e cuore senza il quale non si capiscono davvero le cose.

Quando si sta male si pensa che si starà sempre male e che si è sempre stati male, anche se non è vero.

Quando si sta bene si sa che si è stati a tratti bene e a tratti male e che si starà sempre a tratti bene e a tratti male, ma si pensa e si spera che andrà sempre meglio.

Ecco come mi sento in questi giorni: come se fosse tornato il futuro.

Mi era sparito il futuro, sette anni fa.

Lavoravo in televisione, avevo i figli adolescenti, la premenopausa, litigavo con tutti, ero stanchissima. Saltò fuori che avevo il cancro.

Mi operai, feci mesi di chemioterapia, e poche settimane dopo l'ultima infusione mi proposero di dirigere una rete televisiva pubblica. Ero ancora confusa e accettai. Sarebbe stato stressante anche per una persona in salute. Lavoravo troppo ma almeno avevo la mente occupata, come quando da ragazza alla notizia della malattia di mio padre ero fuggita in un mondo parallelo dove recitavo una parte che non era la mia.

Dopo un anno e mezzo di quella vita, avevo le difese immunitarie ancora basse per la chemioterapia, forse per l'aria condizionata del treno Roma-Milano un giorno mi venne una broncopolmonite con la febbre a quaranta. La tosse durò settimane ma c'era la seconda presentazione dei palinsesti e continuai a lavorare. Era un incarico adatto a me solo per la parte creativa e quella dei rapporti con chi lavorava con me: per tutto il resto, e tutto il resto era tantissimo, non lo era per niente. A luglio presentai i palinsesti, mi licenziai e tornai a casa. Pochi mesi dopo mi separai.

Dopo questa infilata di colpi, per un bel po' di tempo, mi sono sentita più morta che viva, che è un modo di dire

che mi piace moltissimo e uso spesso: «Come stai?» «Sono piú morta che viva», mi fa sempre ridere.

La vita picchiava cosí duro che in quei sette anni ho
guardato solo indietro.

Guardavo indietro a tutti i miei errori, alle cose che avevo sbagliato, a come ero stata infantile, ansiosa, impru-
dente. E mi sono fustigata come una flagellante durante
la peste nera.

In *Storia della mia ansia* citavo quella frase di Dostoevskij che dice: «Nonostante tutto quel che ho perduto, la vita mi piace moltissimo: mi piace la vita per la vita e, sono serio, mi preparo, ogni momento, a cominciarla, la mia vita. Presto avrò cinquant'anni, e ancora non sono riuscito a stabilire: sta per finire, la mia vita, o è appena cominciata? Ecco il tratto principale del mio carattere: forse anche della mia attività» e facevo dire a Lea, la protagonista: «Ho provato l'identica, trepidante sensazione di inizio e fine imminenti per tutta la mia, di vita, ma da quando mi sono ammalata non ho piú sentito la prima, quella dell'inizio».

È stato cosí, molto a lungo, anche per me. Colpa dell'età, oltre che delle disgrazie.

Fino a quando, vent'anni dopo mio padre, era morta anche mia madre, non avevo mai guardato indietro. E quando mi sono ammalata ho smesso del tutto di guardare avanti.

A un certo punto è andato tutto male, malissimo, come se nella mia vita fosse scoppiata la guerra.

Una guerra di sette anni, come quella che tra il 1756 e il 1763 coinvolse le piú grandi potenze europee e che Churchill in *Storia dei popoli di lingua inglese* definí «la prima vera guerra mondiale».

Le guerre mondiali, come si sa, se non altro ci hanno insegnato a odiare con tutte le nostre forze la guerra, e a fare assolutamente di tutto perché non ne scoppino mai piú, cosa che farò senz'altro anch'io, d'ora in poi, per il tempo che sarà, speriamo il piú a lungo possibile, che ho ancora cosí tanti libri da scrivere e soprattutto da leggere: libri luminosi, libri oscuri, libri illuminati, libri attraversati da ombre e da raggi di sole, libri tristi, libri felici, libri avventurosi, libri drammatici, libri ironici, libri controversi, libri imprevedibili, libri misteriosi.

L'importante è che siano belli, i libri, e onesti, che non siano sciatti o furbi o pretenziosi, se no diventano irritanti o inutili, e fanno perdere tempo, e il nostro tempo sulla Terra è poco, e bisognerebbe vivere per sempre solo per leggere, che è cosí *furiosamente* bello.

Quasi come andare in bici senza mani.

Ottobre

«Se la pianti con questi discorsi mortiferi ti regalo un'altra perla della mia Woolf, che lo sapeva che "estrema è la vita, non la morte"», scrive Liliana Rampello, alla quale ho fatto leggere queste memorie libresche.

La citazione dice:

Ho a volte sognato che il giorno del Giudizio Universale, quando tutti i grandi condottieri e avvocati e uomini di stato arriveranno in cielo per ricevere le loro ricompense – le loro corone, i loro lauri, i loro nomi indelebilmente incisi sul marmo imperituro – l'onnipotente guarderà san Pietro e gli dirà, non senza una traccia d'invidia nel vederci arrivare con i nostri libri sotto il braccio: «Questi non hanno bisogno di ricompensa. Qui non abbiamo niente per loro. Sono quelli che amavano leggere».

Hanno ragione Lilli e Virginia Woolf: è presto per evocare il Giudizio Universale.

Novembre

Vado a New York. L'invito, di una bella libreria italiana, è invogliante, ma io so perché l'ho accettato: per contraddirmi.

L'ultima volta che ci sono stata, dieci anni fa, sulla strada del JFK per rientrare in Italia mi ero detta: «Qui non tornerò piú». Non so se fosse una premonizione, un desiderio o un pensiero negativo, ma so quanto mi piace quando la vita rompe i nostri recinti di controllo e difesa e ci stupisce. Ecco che invece ci ritorno!

Dieci anni fa ci ero andata proprio a dicembre per il ponte dell'Immacolata, e non ero stata bene.

Manhattan mi era sembrata ostile e claustrofobica, non avevo ritrovato nessuna delle emozioni eccitanti delle prime volte.

Il motivo era che quando lavoravo in televisione mi stancavo cosí tanto che durante le vacanze avevo bisogno di natura e silenzio per ricaricarmi, e non ero in grado di godermi i viaggi nelle metropoli e i voli intercontinentali che attiravano il resto della famiglia, ma spesso li organizzavo io stessa, per far loro piacere.

Non c'è niente di peggio che far qualcosa controvoglia, a meno di non essere sereni e riposati. La generosità richiede buona salute.

Lo spirito di sacrificio che ho succhiato col latte materno è tossico, ci ho messo un'intera vita per capirlo, nonostante da ragazzina lo sapessi benissimo, per aver subito gli effetti dei circoli viziosi innescati da mia madre: dal sacrificio al vittimismo, dal vittimismo all'aggressività, dall'aggressività alla depressione e via cosí.

Poi, come tante altre cose che da adolescente vedevo chiaramente e poi ho dimenticato, mi ero infilata in un meccanismo simile a quello che avevo criticato in lei: la stanchezza di quel viaggio invernale mi aveva cosí prostrata che mi ero incupita appena arrivata, rischiando di rovinare la vacanza anche al resto della famiglia.

New York da sola invece adesso mi attira.

Non voglio fare programmi, tranne quello di andare col Ferry da Wall Street a Red Hook e magari a Governors Island come mi ha suggerito Paolo Cognetti. E alla Morgan Library, dove non sono mai stata. Ma sí: me ne andrò in giro senza meta, improvviserò. Magari passerò da Patchin Place, tra la Sixth Avenue e Greenwich, dove Djuna Barnes visse quarant'anni da reclusa, con Carson McCullers accampata sotto casa sua per cercare di incontrarla ed E. E. Cummings che le mandava biglietti con scritto: «Sei viva, Djuna?»

Pare che sul campanello di casa avesse messo un nastro con la frase: «Se intendi suonare il campanello, vattene!»

Se esiste ancora lo suonerò a lungo, per farle dispetto.

Dicembre

«*Le caore mate le se romp le zate*», commenta Eugenia, che ascolta ogni mattina dalle Dolomiti il mio programma di libri in radio. Le capre matte si rompono le zampe.

Alla fine non sono andata a New York e forse sono matta.

Una domenica, mentre apparecchiavo la tavola da pranzo, un grosso calice mi si è rotto in mano, cadendomi in picchiata sul tendine del piede destro e tranciandolo in due. L'ortopedico, dopo l'operazione, mi ha ingessata e ha ordinato di non appoggiare il piede per cinque settimane: «Per il completo recupero serviranno tre mesi».

L'imprevisto che sentivo incombere sul buonumore è arrivato, ma ha fallito il colpo: forse non ci volevo veramente andare a New York in dicembre. Si sta cosí bene a casa quando fa freddo.

Ho cosí tanti libri da leggere.

Ho imbottito la tana di foglie, come facevo da bambina quando passavo gli inverni sul divano. Sul comodino ho una pila di volumi, tra i quali i sette della *Recherche* della Nue, quella tradotta tra gli altri da Natalia Ginzburg, Franco Fortini e Giorgio Caproni. Fin qui ne ho letti tre e mi ero messa in testa di finirli tutti entro i cent'anni dalla morte di Proust, il 18 novembre 2022. Ora ce la farò.

Ogni pomeriggio, verso le cinque, Emilia mi porta una tazza di tè con un piattino di biscotti.

Ludovico telefona piú spesso da Bruxelles.

Tra convalescenza e riabilitazione arriverà dolcemente il quattordici febbraio, quando darò una festa in costume per il mio compleanno e i compleanni di Friedrich Nietzsche, Gabriele Münter, Fëdor Sologub, Chris McCandless e Lou Salomé.

Inviterò anche Djuna Barnes, Grazia Cherchi, Franco Fortini, Carmelo Bene, Albert Camus e Carlos Drummond de Andrade.

Virginia Woolf – che quando era di buon umore era l'ospite piú effervescente e simpatica che si potesse immaginare – sarà l'anima della festa, e brinderemo a questo libretto appena uscito.

Balleremo *Charleston* di Enoch Light come in *Midnight in Paris*, flirteremo, rideremo e berremo champagne.

Farò la pace con Fëdor, Djuna e Friedrich, a patto che ballino con me, e sarà bellissimo.

Ringraziamenti.

Bello che un libro che parla di oscurità debba tanto a tre rose: Rosella Postorino, Rosaria Carpinelli, Giannarosa Bignardi.

E grazie a Carlo Carabba, Liliana Rampello, Stefano Sgambati e Adriano Sofri, rose ad honorem.

Indice dei nomi

Elenco delle opere[*]

Libri.

Abramović, Marina, *Attraversare i muri*, Bompiani, Milano 2018.
Aleksievič, Svetlana, *La guerra non ha un volto di donna*, Bompiani, Milano 2017.
Arbasino, Alberto, *America amore*, Adelphi, Milano 2017.
Barnes, Djuna, *La foresta della notte*, Adelphi, Milano 1994.
 – *Fumo*, Adelphi, Milano 1994.
Bianciardi, Luciano, *La vita agra*, Feltrinelli, Milano 2013.
Bignardi, Daria, *Non vi lascerò orfani*, Mondadori, Milano 2021.
 – *L'acustica perfetta*, Mondadori, Milano 2019.
 – *L'amore che ti meriti*, Mondadori, Milano 2019.
 – *Storia della mia ansia*, Mondadori, Milano 2018.
 – *Oggi faccio azzurro*, Mondadori, Milano 2020.
Buck, Pearl S., *Figli*, Mondadori, Milano 1979.
 – *La buona terra*, Mondadori, Milano 2021.
 – *Questo indomito cuore*, Sonzogno, Milano 2015.
 – *L'amore di Ai-Uan*, Mondadori, Milano 1978.
 – *Stirpe di drago*, Mondadori, Milano 2018.
Buzzati, Dino, *Un amore*, Mondadori, Milano 2016.
Camus, Albert, *Caligola*, Bompiani, Milano 2018.
 – *La peste*, Bompiani, Milano 2017.
Carver, Raymond, *Cattedrale*, Einaudi, Torino 2014.
Chalandon, Sorj, *La quarta parete*, Keller, Rovereto 2016.
Cherchi, Grazia, *Basta poco per sentirsi soli*, Papero Editore, Piacenza 2019.
 – *Fatiche d'amore perdute*, Longanesi, Milano 1993.
 – *Scompartimento per lettori e taciturni*, minimum fax, Roma 2017.

---

[*] Si tratta delle opere raccontate nel libro, qui indicate nella loro edizione piú recente, che non necessariamente corrisponde a quella letta dall'autrice.

Churchill, Winston, *Storia dei popoli di lingua inglese*, Rizzoli, Milano 1999.

Coetzee, J. M., *Vergogna*, Einaudi, Torino 2014.

Di Lascia, Mariateresa, *Passaggio in ombra*, Feltrinelli, Milano 2016.

Dillard, Annie, *Pellegrinaggio al Tinker Creek*, Bompiani, Milano 2019.

– *Una vita a scrivere*, Bompiani, Milano 2021.

Dostoevskij, Fëdor, *Delitto e castigo*, Mondadori 2021.

– *I fratelli Karamazov*, Einaudi, Torino 2022.

Eliot, T. S., *Quattro quartetti*, Raffaelli Editore, Rimini 2017.

Finnegan, William, *Giorni selvaggi*, 66thand2nd, Roma 2017.

Fitzgerald, Francis Scott, *Tenera è la notte*, Rusconi Libri, Milano 2020.

Fortini, Franco, *Una volta per sempre*, Einaudi, Torino 1978.

Frey, James, *In un milione di piccoli pezzi*, Tea, Milano 2019.

Golding, William, *Il Signore delle mosche*, Mondadori, Milano 2017.

Han, Byung-Chul, *La società senza dolore*, Einaudi, Torino 2021.

Haushofer, Marlen, *La parete*, edizioni e/o, Roma 2018.

Hemingway, Ernest, *Fiesta*, Mondadori, Milano 2016.

Hesse, Hermann, *Siddharta*, Adelphi, Milano 1985.

– *Il lupo della steppa*, Mondadori, Milano 2016.

– *Il giuoco delle perle di vetro*, Mondadori, Milano 2018.

Mailer, Norman, *I duri non ballano*, Bompiani, Milano 1985.

Malcolm, Norman, *Ludwig Wittgenstein*, Bompiani, Milano 1988.

Maugham, William Somerset, *Acque morte*, Adelphi, Milano 2001.

Murakami, Haruki, *L'assassinio del Commendatore*, Einaudi, Torino 2020.

Nietzsche, Friedrich, *Cosí parlò Zarathustra*, Adelphi, Milano 1976.

Parker, Dorothy, *Il mio mondo è qui*, Bompiani, Milano 2003.

Poggioli, Renato, *Il fiore del verso russo*, Einaudi, Torino 2009.

Proust, Marcel, *Alla ricerca del tempo perduto*, Mondadori, Milano 2020.

Quincey, Thomas de, *Confessioni di un oppiomane*, Garzanti, Milano 2003.

Schultz, Philip, *La mia dislessia*, Donzelli, Roma 2015.

Sologub, Fëdor, *Peredonov, il demone meschino*, Fazi, Roma 2019.

Stegner, Wallace, *Verso un sicuro approdo*, Bompiani, Milano 2019.

Stone, Irving, *Il tormento e l'estasi*, Corbaccio, Milano 2011.

Toews, Miriam, *I miei piccoli dispiaceri*, Marcos y Marcos, Milano 2015.

Vattimo, Gianni, *Il soggetto e la maschera*, Bompiani, Milano 2003.

Woolf, Virginia, *Diario di una scrittrice*, minimum fax, Roma 2019.

Film e serie tv.

Apocalypse Now di Francis Ford Coppola
Il mestiere delle armi e *I cento chiodi* di Ermanno Olmi
Into the Wild. Nelle terre selvagge di Sean Penn
Les Parapluies de Cherbourg di Jacques Demy
Midnight in Paris di Woody Allen
Querelle de Brest di Rainer Werner Fassbinder
SanPa di Gianluca Neri
Senza tetto né legge di Agnès Varda
Varda par Agnès di Agnès Varda e Didier Rouget

Nota al testo.

La citazione a p. 3 è tratta da Virginia Woolf, *Diario di una scrittrice*, trad. di Giuliana de Carlo, Mondadori, Milano 1981.

La citazione a p. 11 è tratta da William Somerset Maugham, *Acque morte*, trad. di Franco Salvatorelli, Adelphi, Milano 2008.

La citazione a p. 3 è tratta da Daria Bignardi, *La coscienza dell'ansia*, spettacolo teatrale.

Le citazioni alle pp. 20 e 34 sono tratte dalla prefazione di T. S. Eliot a Djuna Barnes, *La foresta della notte*, trad. di Giulia Arborio Mella, Adelphi, Milano 1983.

I versi a p. 24 sono tratti dalla poesia *Davvero cari non saprei dirvelo* di Giorgio Bassani, in *Epitaffio*, Milano, Mondadori 1974.

I versi a p. 25 sono tratti dalla poesia *Quello che veramente ami rimane* di Ezra Pound, in *Canti pisani*, trad. di A. Rizzardi, Garzanti, Milano 2015.

La citazione a p. 26 è tratta da Renato Poggioli (a cura di), *Il fiore del verso russo*, Passigli, Firenze 1998.

La citazione a p. 26 è tratta da Aleksandr Puškin, *Una scena dal Faust*, in Andrea Tarabbia, *Racconti di demoni russi*, ilSaggiatore, Milano 2021.

La citazione a p. 27 è tratta da Fëdor Sologub, *Il demone meschino*, trad. di Pietro Zveteremich, Garzanti, Milano 2008.

I versi alle pp. 28 e 29 sono tratti dalle poesie *Cagna e luna* e *L'altalena del diavolo* di Fëdor Sologub, in Poggioli (a cura di), *Il fiore del verso russo* cit.

I versi a p. 28 sono tratti dalla poesia *Non amo incontrar qualcuno* di Fëdor Sologub, in *Sette poesie di Fëdor Sologub*, trad. di Linda Torresin, intralinea.org

La frase di Gertrude Stein a p. 32 è tratta da Ernest Hemingway, *Festa mobile*, trad. di Vincenzo Mantovani, Mondadori, Milano 2010.

Le citazioni a p. 34 sono tratte da Alberto Arbasino, *America amore*, Adelphi, Milano 2011.

Le citazioni alle pp. 38 e 40 sono tratte da Barnes, *La foresta della notte* cit.

La citazione a p. 41 è tratta da Djuna Barnes, *Disincanto. Poesie 1911-1982*, a cura di Maura Del Serra, Edizioni del Giano, Roma 2004.

La citazione a p. 48 è tratta dall'introduzione di Giorgio Colli a Friedrich Nietzsche, *Cosí parlò Zarathustra*, trad. di Mazzino Montinari, Adelphi, Milano 1976.

La citazione a p. 49 è tratta da Dostoevskij, *I fratelli Karamazov*, trad. di Claudia Zonghetti, Einaudi, Torino 2021.

Le citazioni alle pp. 50 e 52 sono tratte da Nietzsche, *Cosí parlò Zarathustra* cit.

La citazione a p. 50 è tratta da una lettera di Nietzsche del 1884, dall'introduzione di Giorgio Colli a Nietzsche, *Cosí parlò Zarathustra* cit.

La citazione a p. 51 è tratta da Friedrich Nietzsche, *Ecce Homo*, a cura di Roberto Calasso, Adelphi, Milano 1969.

Le citazioni alle pp. 52 e 53 sono tratte da Friedrich Nietzsche, Lou Andreas-Salomé, *Da quali stelle siamo caduti?*, a cura di Selena Pastorino, il nuovo Melangolo, Genova 2018.

La citazione a p. 53 è tratta da Friedrich Nietzsche, *Al di là del bene e del male*, trad. di Ferruccio Masini, Adelphi, Milano 1977.

La citazione a p. 53 è tratta da Friedrich Nietzsche, Lou von Salomé, Paul Rée, *Triangolo di lettere*, a cura di Mario Carpitella, Adelphi, Milano 2011.

Le citazioni a p. 54 sono tratte da Rainer Maria Rilke, Lou Andreas Salomé, *Epistolario 1897-1926*, trad. di Paola Maria Filippi e Claudio Groff, La Tartaruga, Milano 2002.

La citazione alle pp. 54-55 è tratta da Daria Bignardi, *Non vi lascerò orfani*, Mondadori, Milano 2015.

I versi a p. 62 sono tratti dalla poesia *Il pianto della scavatrice* di Pier Paolo Pasolini, in *Le ceneri di Gramsci*, Garzanti, Milano 2015.

I versi a p. 64 sono tratti dalla poesia *Ultimo frammento* di Raymond Carver, in *Orientarsi con le stelle. Tutte le poesie*, minimum fax, Roma 2016.

I versi alle pp. 65 e 66 sono tratti dalla poesia *Traducendo Brecht* di Franco Fortini, in *Una volta per sempre*, Einaudi, Torino 1978.

I versi a p. 67 sono tratti dalla poesia *In mezzo al cammino* di Carlos Drummond de Andrade, in *Sentimento del mondo*, trad. di Antonio Tabucchi, Einaudi, Torino 1987.

I versi alle pp. 67-68 sono tratti dalla poesia *Segreto* di Carlos Drummond de Andrade, in *Sentimento del mondo* cit.

Le citazioni a p. 70 sono tratte da Grazia Cherchi, *Fatiche d'amore perdute*, Longanesi, Milano 1993.

La citazione alle pp. 70-71 è tratta dall'introduzione di Piergiorgio Bellocchio a Grazia Cherchi, *Scompartimento per lettori e taciturni*, Feltrinelli, Milano 1997.

La citazione a p. 71 è tratta da Cherchi, *Scompartimento per lettori e taciturni* cit.

Le citazioni alle pp. 72 e 73-74 sono tratte da Grazia Cherchi, *Basta poco per sentirsi soli*, Papero editore, Piacenza 2018.

La citazione a p. 72 è tratta dall'introduzione di Giovanni Giudici a Cherchi, *Scompartimento per lettori e taciturni* cit.

I versi a p. 72 sono tratti dalla poesia *Brindisi* di Giovanni Giudici, in *Tutte le poesie*, Mondadori, Milano 2021.

La frase di Peter Noll a p. 73 è citata da Cherchi in *Scompartimento per lettori e taciturni* cit.

I versi a p. 76 sono tratti dalla poesia *Ballata del carcere* di Oscar Wilde, in *Ballata del carcere e altre poesie*, a cura di Franco Buffoni, Mondadori, Milano 1995.

La citazione a p. 87 è tratta da Annie Dillard, *Una vita a scrivere*, trad. di Guia Cortassa, Bompiani, Milano 2021.

La citazione a p. 91 è tratta da Pearl S. Buck, *La buona terra*, trad. di Andrea Damiano, Mondadori, Milano 1963.

La citazione a p. 93 è tratta da Pearl S. Buck, *Questo indomito cuore*, trad. di Laura Lepetit, Sonzogno, Milano 2015.

La citazione a p. 94 è tratta dal film *I cento chiodi* di Ermanno Olmi.

La citazione a p. 95 è tratta da Albert Camus, *Caligola*, trad. di Francesco Cuomo, Bompiani, Milano 2000.

La citazione alle pp. 97-99 è tratta da Carmelo Bene, *Hommelette for Hamlet*, spettacolo teatrale.

I versi a p. 106 sono tratti dalla poesia *Non ho volontà* di Antonio Delfini, in *Poesie della fine del mondo, del prima e del dopo*, Einaudi, Torino 2013.

La citazione a p. 112 è tratta da Marina Abramović, *Attraversare i muri*, trad. di Alberto Pezzotta, Bompiani, Milano 2018.

La citazione a p. 113 è tratta dal film *Il mestiere delle armi* di Ermanno Olmi.

Le citazioni alle pp. 116 e 118 sono tratte da Byung-Chul Han, *La società senza dolore*, trad. di Simone Aglan-Buttazzi, Einaudi, Torino 2021.

La citazione a p. 116 è tratta da Theodor W. Adorno, *Dialettica negativa*, trad. di Pietro Lauro, Einaudi, Torino 2004.

La citazione a p. 117 è tratta da Massimo Zamboni, *La trionferà*, Einaudi, Torino 2021.

La citazione a p. 118 è tratta da Aldo Palazzeschi, *Il controdolore*, Stampa alternativa, Roma 2000.

La citazione a p. 119 è tratta da Marcel Proust, *Alla ricerca del tempo perduto*, trad. di Giorgio Caproni, Einaudi, Torino 1967.

La citazione a p. 131 è tratta dalla canzone *Gracias a la vida*. Testo e musica di Violeta Parra. © 1966 by Warner Chappell Music Argentina. Sub-editore per l'Italia: Warner Chappell Music Italiana Srl.

La poesia di Stefano Benni a p. 132 è tratta da Cherchi, *Scompartimento per lettori e taciturni* cit.

La citazione a p. 132 è tratta da Lev Tolstoj, *I diari. 1847-1910*, trad. di Silvio Bernardini, Longanesi, Milano 1980.

La citazione a p. 132 è tratta da Cherchi, *Scompartimento per lettori e taciturni* cit.

La citazione a p. 133 è tratta da Wallace Stegner, *Verso un sicuro approdo*, trad. di Maurizia Balmelli, Bompiani, Milano 2019.

La citazione alle pp. 136-37 è tratta da Corrado Govoni, *Aladino*, Mondadori, Milano 1946.

La citazione a p. 141 è tratta da un appunto di Fëdor Dostoevskij del 31 gennaio 1873; la traduzione è di Paolo Nori, in *Sanguina ancora*, Mondadori, Milano 2021.

La citazione a p. 141 è tratta da Daria Bignardi, *Storia della mia ansia*, Mondadori, Milano 2018.

La citazione a p. 143 è tratta da Virginia Woolf, *Voltando pagina. Saggi 1904-41*, a cura di Liliana Rampello, ilSaggiatore, Milano 2011.

Indice

Questo libro è stampato su carta contenente fibre certificate FSC®
e con fibre provenienti da altre fonti controllate.

MISTO
Carta da fonti gestite
in maniera responsabile
FSC® C115118

Stampato per conto della Casa editrice Einaudi
presso ELCOGRAF S.p.A. - Stabilimento di Cles (Tn)
nel mese di febbraio 2022

C.L. 25258

Edizione   Anno

1   2   3   4   5   6   2022   2023   2024   2025